农业经济与管理探究

计雅慧　兰学森　薛真惠◎著

吉林科学技术出版社

图书在版编目（CIP）数据

农业经济与管理探究 / 计雅慧，兰学森，薛真惠著
. -- 长春 ：吉林科学技术出版社，2023.3
ISBN 978-7-5744-0168-6

Ⅰ．①农… Ⅱ．①计… ②兰… ③薛… Ⅲ．①农业经
济管理－研究 Ⅳ．①F302

中国国家版本馆 CIP 数据核字(2023)第 053841 号

农业经济与管理探究

作　　　者　计雅慧　兰学森　薛真惠
出 版 人　宛　霞
责任编辑　金方建
幅面尺寸　185mm×260mm　1/16
字　　　数　240 千字
印　　张　10.75
印　　数　1—200 册
版　　次　2023 年 3 月第 1 版
印　　次　2023 年 3 月第 1 次印刷

出　　版　吉林科学技术出版社
发　　行　吉林科学技术出版社
地　　址　长春市净月区福祉大路 5788 号
邮　　编　130118
发行部电话/传真　0431-81629529　81629530　81629531
　　　　　　　　　81629532　81629533　81629534

储运部电话　0431-86059116

编辑部电话　0431-81629518

印　　刷　北京四海锦诚印刷技术有限公司

书　　号　ISBN 978-7-5744-0168-6
定　　价　65.00 元

前　言

　　近年来，由于我国社会经济的高速发展，人们的生活质量显著提高，尤其是在农村地区，居民的生活水平发生了很大的改善。在新农村建设背景下，如何才能加速农业经济增长，是当前政府部门首要考虑的问题。作为农村地区的主要产业，农村经济的增长干系重大，是提升地方建设发展的重要措施；同时，在这个过程中，也能充分体现农业改革成果。为此，为了加速乡村建设，相关部门必须加强农业经济管理，并且结合当前的农业发展现状，不断调整农业经济管理模式，真正推动城乡一体化建设。

　　我国是一个农业大国，农业经济的发展具有非常重要的现实意义，也是我国政府部门的重点管理目标之一。农业经济管理工作必须立足于新形势，汲取新农村建设思想，树立正确的管理导向，重点开展农业结构优化，加速农业转型；通过农业的发展，加速农村经济建设，构建现代化农业，缩小农村与城市之间的差距，实现社会资源的有效倾斜。但是在实际的农业经济管理过程中，仍然存在许多的困难，一些农业发展问题亟待解决。政府部门要对这些发展进行深入探究，寻求正确的解答方法，发挥农业经济管理的效能，利用经济建设，加速新农村建设，实现国家战略发展目标。

　　本书主要研究农业经济与管理。本书从现代农业基础介绍入手，针对农业微观经济组织、农产品的供给与需求以及农产品市场进行了研究；另外对新型农业经营体系的构建、农业经济的管理提出了一些建议；还对农业经济发展趋势做了分析；对农业经济与管理的研究与应用有一定的借鉴意义。

　　在本书的策划和撰写过程中，作者参阅了国内外有关的大量文献和资料，从得到启示，在此致以衷心的感谢！由于经济环境的不断变化，本书的选材和撰写还有一些不尽如人意的地方，加上作者学识水平和时间所限，书中难免存在缺点和谬误，敬请专家及读者指正，以便进一步完善提高。

作者

2023 年×月

目 录 Contents

第一章 现代农业概述

第一节 现代农业的内涵

一、现代农业的概念

现代农业是一个动态的概念和历史的概念。它不是一个抽象的事物，而是一个具体的事物，它是农业发展史上的一个重要阶段。现代农业相对于传统农业而言，是广泛应用现代科学技术、现代工业提供的生产资料和科学管理方法进行管理的社会化农业。按农业生产力性质和水平划分的农业发展史上，现代农业属于农业的最新阶段。

现代农业是指运用现代的科学技术和生产管理方法，对农业进行规模化、集约化、市场化和农场化的生产活动。现代农业是以市场经济为导向，以利益机制为联结，以企业发展为龙头的农业，是实行企业化管理、产销一体化经营的农业。

二、现代农业的特征

现代农业具有以下基本特征：

第一，具备较高的综合生产率，包括较高的土地产出率和劳动生产率。农业成为一个有较高经济效益和市场竞争力的产业，这是衡量现代农业发展水平的最重要标志。

第二，农业成为可持续发展产业。农业发展本身是可持续的，而且具有良好的区域生态环境。广泛采用生态农业、有机农业、绿色农业等生产技术和生产模式，实现淡水、土地等农业资源的可持续利用，达到区域生态的良性循环，农业本身成为一个良好的可循环生态系统。

第三，农业成为高度商业化的产业。农业主要为市场而生产，具有很高的商品率，通过市场机制来配置资源。商业化是以市场体系为基础的，现代农业要求建立非常完善的市场体系，包括农产品现代流通体系。没有发达的市场体系，就不可能有真正的现代农业。

1

农业现代化水平较高的国家，农产品商品率一般都在 90% 以上，有的产业商品率可达到 100%。

第四，实现农业生产物质条件的现代化。现代农业以比较完善的生产条件、基础设施和现代化的物质装备为基础，集约化、高效率地使用各种现代生产投入要素，包括水、电力、农膜、肥料、农药、良种、农业机械等物质投入和农业劳动力投入，从而达到提高农业生产率的目的。

第五，实现农业科学技术的现代化。现代农业广泛采用先进适用的农业科学技术、生物技术和生产模式，改善农产品的品质、降低生产成本，以适应市场对农产品需求优质化、多样化、标准化的发展趋势。现代农业的发展过程，实质上是先进科学技术在农业领域广泛应用的过程，是用现代科技改造传统农业的过程。

第六，实现管理方式的现代化。现代农业广泛采用先进的经营方式、管理技术和管理手段，从农业生产的产前、产中、产后形成比较完整的紧密联系、有机衔接的产业链条，具有很高的组织化程度。有相对稳定、高效的农产品销售和加工转化渠道，有高效率的把分散的农民组织起来的组织体系，有高效率的现代农业管理体系。

第七，实现农民素质的现代化。现代农业具有较高素质的农业经营管理人才和劳动力，是建设现代农业的前提条件，也是现代农业的突出特征。

第八，实现生产的规模化、专业化、区域化。现代农业通过实现农业生产经营的规模化、专业化、区域化，降低公共成本和外部成本，提高农业的效益和竞争力。

第九，建立与现代农业相适应的政府宏观调控机制。现代农业建立完善的农业支持保护体系，包括法律体系和政策体系。

总之，现代农业的产生和发展，大幅度地提高了农业劳动生产率、土地生产率和农产品商品率，使农业生产、农村面貌和农户行为发生了重大变化。

三、现代农业的类型

现代农业的划分由于外延的不确定性，划分标准有所不同。通常现代农业划分为以下几种类型。

（一）绿色农业

绿色农业是将农业与环境协调起来，促进可持续发展，增加农户收入，保护环境，同时保证农产品安全性的农业。绿色农业是灵活利用生态环境的物质循环系统，实践农药安全管理技术、营养物综合管理技术、生物学技术和轮耕技术等，从而保护农业环境的一种整体性概念。绿色农业大体上分为有机农业和低投入农业。

（二）休闲农业

休闲农业是一种综合性的休闲农业区。游客不仅可以观光、采果、体验农作、了解农民生活、享受乡间情趣，而且可以住宿、度假、游乐。休闲农业的基本概念是利用农村的设备与空间、农业生产场地、农业自然环境、农业人文资源等，经过规划设计，以发挥农业与农村休闲旅游功能，提升旅游品质，并提高农民收入，促进农村发展的一种新型农业。

（三）工厂化农业

工厂化农业是设施农业的高级层次。工厂化农业综合运用现代高科技、新设备和管理方法而发展起来的一种全面机械化、自动化技术（资金）高度密集型生产，能够在人工创造的环境中进行全过程的连续作业，从而摆脱自然界的制约。

（四）特色农业

特色农业就是将区域内独特的农业资源（地理、气候、资源、产业基础）开发区域内特有的名优产品，转化为特色商品的现代农业。特色农业的"特色"在于其产品能够得到消费者的青睐和倾慕，在本地市场上具有不可替代的地位，在外地市场上具有绝对优势，在国际市场上具有相对优势甚至绝对优势。

（五）观光农业

观光农业又称旅游农业或绿色旅游业，是一种以农业和农村为载体的新型生态旅游业。农民利用当地有利的自然条件开辟活动场所，提供设施，招揽游客，以增加收入。旅游活动内容除了游览风景外，还有林间狩猎、水面垂钓、采摘果实等农事活动。有的国家以此作为农业综合发展的一项措施。

（六）立体农业

立体农业又称层状农业。立体农业着重于开发利用垂直空间资源的一种农业形式。立体农业的模式是以立体农业定义为出发点，合理利用自然资源、生物资源和人类生产技能，实现由物种、层次、能量循环、物质转化和技术等要素组成的立体模式的优化。

（七）订单农业

订单农业又称合同农业、契约农业，是近年来出现的一种新型农业生产经营模式。所谓订单农业，是指农户根据其本身或其所在的乡村组织与农产品购买者之间所签订的订单，组织安排农产品生产的一种农业产销模式。订单农业很好地适应了市场需要，避免了盲目生产。

第二节　现代农业的发展模式

随着社会的发展、市场的刺激、互联网及大数据的助推，各种更加有趣也更加适宜的现代农业发展的新模式不断涌现。

一、农业公园：乡土文化旅游新模式

国家农业公园是一种新型的旅游形态，它是按照公园的经营思路，但又不同于城市公园，把农业生产场所、农产品消费场所和农业休闲旅游场所结合在一起的一种现代农业经营方式。

根据农业现代化和农业服务业、旅游业深化发展的有关要求，中国村社发展促进会拟计划用 5～8 年的时间打造出 100 个"中国农业公园"。"中国农业公园"是利用农村广阔的田野，以绿色村庄为基础，融入低碳环保循环可持续的发展理念，将农作物种植与农耕文化相结合的一种生态休闲和乡土文化旅游模式。农业农村部已于 2008 年制定了农业公园的相关标准，中国村社发展促进会、亚太环境保护协会等五家单位根据该标准联合制定了《中国农业公园创建指标体系》。《中国农业公园创建指标体系》包括乡村风景美丽、农耕文化浓郁、民俗风情独特、历史遗产传承、产业结构发展、生态环境优化、村域经济主体、村民生活展现、服务设施配置、品牌形象塑造、规划设计协调十一大评价指数，共计 100 分。经申报评审等程序，计分达到有关条件的，批准其为"中国农业公园"。

在规划建设面积上，国家级农业公园一般规模较大，少则上万平方米，多则数十万平方米，甚至更多者以平方千米来计数。目前比较成形的国家农业公园有河南中牟国家农业公园、山东兰陵国家农业公园、海南琼海龙寿洋国家农业公园，其他像安徽合肥包河区的牛角大圩 10 平方千米的生态农业区、山东寿光农业综合区均可作为国家农业公园考察。

农业公园的主体是依靠企业，是以消费为带动的农业增长的方式，根据消费者的消费需求来定制农业生产。整个乡村就是"大菜园、大花园、大乐园、大公园"。有菜地，有花圃，有苗圃，有大棚设施，有水景……一切东西都是按照旅游的特色打造，不是按照生产要素来组织。

二、文创农业：传统农业与文化创意的融合

文创农业是指用文化和创意手段去改造农业，农业会把生产、生活、生态更加完美地

呈现在消费者面前。文创农业是继观光农业、生态农业、休闲农业后，新兴起的一种农业产业模式，是将传统农业与文化创意产业相结合，借助文创思维逻辑，将文化、科技与农业要素相融合，从而开发、拓展传统农业功能，提升、丰富传统农业价值的一种新兴业态。

目前市场上的文创农业模式包括：文创农产品农场、文创农艺工坊、文创农品专营店、文创主题农庄、文创亲子农园、文创休闲农牧场、文创酒庄、文创现代农业示范园区。以上类型盈利模式不固定，可以根据项目自身的情况，灵活组合。文创农业的盈利模式主要可通过对文创农产品种养殖、文创农产品包装设计、文创工艺品生产创作、文创装饰品制作、批发零售、景观游赏、活动体验、演艺表演、科普教育、宴会会议、餐饮美食、民宿住宿、内部交通、纪念品礼品销售、其他配套服务等不同项目的经营获得来自票务、餐饮、住宿、会务、销售等渠道的盈利。此外，还可以尝试招商合作的经营模式，以租赁、物业服务等作为盈利模式。

谈到文创农业，一般会想到的是商品包装，如水果、酒、茶叶、米、蜂蜜等。精美的礼盒加上富有诗意的文字，让农产品更显诗情画意。然而，美丽的农产品包装多是业者付出大笔金钱请设计师来包装，这样增加了农产品的成本，销售量却没能与成本成正比。因此，文创农业不等于农产品包装。包装或设计，在农业文创化的过程中，只是末端，不可本末倒置。所谓文创，应该包含"文化"与"创意"两个层次。农业经营者，应先透过添加文化元素，找出特色、卖点或销售点。有了卖点，再从"创意"角度，将卖点简化、符号化、可传播化，成为销售主张或销售论述。文创农业应该以创意为核心，借助文创的力量，实现农业的文创转型，形成多产业联动的品牌体系，整合提升农业的产业价值。

三、认养农业：风险共担收益共享

"认养农业"是近年来新兴的农事增值发展模式，一般指消费者预付生产费用，生产者为消费者提供绿色、有机食品，在生产者和消费者之间建立一种风险共担、收益共享的生产方式。

对认养人来说，这是一种时尚、健康的生活方式。对传统种植农业来说，这是一种新思路带来的新业态，并且已经成为农业增值服务的具体表现。

事实上，"认养农业"的卖点并不是只有农产品，认养农业还可以与旅游、养老、文化等产业进行深度融合。认养农业把城市居民作为目标客户，以体验、互动项目为卖点，将特色农产品、旅游景点、风情民俗进行整合包装，再打包兜售。认养农业的兴起在帮助现代都市人认识农业、体验农园观光需求的同时，增加农民收入，带动农业生产健康有序发展。比如，辽宁省盘锦市创新农业发展理念，在全省率先开创了认养农业发展模式。目前，盘锦市完成认养面积 14 145.84 万平方米，认养农业已成为当地重要的新型民生产业和新型消费业态。

认养能够满足都市人亲近田园的愿望。认养，远不仅仅是收获产品那么简单。顾客更期望的是产品的附加价值。认养同时意味着消费者能够直接接触到生产者，大大简化了销售—购买的环节，这使得消费者能够在第一时间拿到最新鲜的产品。客户有机会近距离接触农场、了解农场更多的相关信息，不仅使得农产品的品质有了保障，而且农产品的价格也更加透明。

认养农业不仅给农村带来了客流、信息流、资金流，而且彻底解决了一家一户分散经营难以增收的核心问题，更重要的是认养农业模式推动了第一、第二、第三产业的深度融合。

四、设施农业：高效生产的现代农业新方式

设施农业是指在环境相对可控条件下，采用工程技术手段，进行动植物高效生产的一种现代农业方式。设施农业涵盖设施种植、设施养殖和设施食用菌等。

我国设施农业面积已占世界总面积的 85% 以上，其中 95% 以上是利用聚烯烃温室大棚膜覆盖。我国设施农业已经成为世界上最大面积利用太阳能的工程，绝对数量优势使我国设施农业进入由量变到质变转化期，技术水平越来越接近世界先进水平。设施栽培是露天种植产量的 3.5 倍，我国人均耕地面积仅占世界人均耕地面积的 40%，因此发展设施农业是解决我国人多地少制约可持续发展问题的最有效技术工程。

设施农业是涵盖建筑、材料、机械、自动控制、品种、园艺技术、栽培技术和管理等学科的系统工程，其发达程度是体现农业现代化水平的重要标志之一。设施农业包含设施栽培、饲养，各类型玻璃温室，塑料大棚，连栋大棚，中、小型塑棚及地膜覆盖，还包括所有进行农业生产的保护设施。设施栽培可充分发挥作物的增产潜力，增加农作物的产量；由于有保护设施，防止了许多病虫害的侵袭，在生产过程中不需要使用农药或很少使用农药，从而改善商品品质，并能使作物反季节生长，在有限的空间中生产出高品质的作物。

设施农业从种类上分，主要包括设施园艺和设施养殖两大部分。设施养殖主要有水产养殖和畜牧养殖两大类。设施农业为动、植物生产提供相对可控甚至最适宜的温度、湿度、光照、水肥和气等环境条件，在一定程度上摆脱对自然环境的依赖进行有效生产。它具有高投入、高技术含量、高品质、高产量和高效益等特点，是最具活力的现代新农业。

五、田园综合体：乡村新型产业发展的亮点

田园综合体是集现代农业、休闲旅游、田园社区为一体的特色小镇和乡村综合发展模式，是当前乡村发展代表创新突破的思维模式。

田园综合体实现了田园的三次变现：第一次变现是依托自然之力和科技之力实现田园农产品变现；第二次变现是依托自然之力和创意之力实现田园文化产品和田园旅游产品变现，这一次变现不仅创造了效益，而且还形成了一个田园社群；第三次变现则是依托田园社群建立起来的延伸产业变现。

田园综合体的出发点是主张以一种可以让企业参与、城市元素与乡村结合、多方共建的"开发"方式，创新城乡发展，促进产业加速变革、农民收入稳步增长和新农村建设稳步推进，重塑中国乡村的美丽田园、美丽小镇。田园综合体一方面强调和当地居民的合作，坚持农民合作社的主体地位，农民合作社利用其与农民天然的利益联结机制，使农民不仅参与田园综合体的建设过程，还能享受现代农业产业效益、资产收益的增长；另一方面，强调城乡互动，秉持开放、共建思维，着力解决"原来的人""新来的人""偶尔会来的人"等几类人群的需求。

近年来国内休闲农业与乡村旅游热情正盛，而田园综合体作为休闲农业与乡村游升级的高端发展模式，更多体现的是"农业+园区"的发展思路，是将农业链条做深、做透，未来还会将发展进一步拓宽至科技、健康、物流等更多维度。

田园综合体以乡村复兴为最高目标，让城市与乡村各自都能发挥其独特禀赋，实现和谐发展。田园综合体以田园生产、田园生活、田园景观为核心组织要素，多产业、多功能、有机结合的空间实体，其核心价值是满足人回归乡土的需求，让城市人流、信息流、物质流真正做到反哺乡村，促进乡村经济的发展。

六、共享农业：推进农业农村发展的新动能

共享单车的兴起将中国的"共享经济"推上了一个新高度，目前国内共享经济市场涉及共享汽车、共享单车、共享房屋、共享餐饮、共享金融、共享充电宝等多个领域，并在不断扩展。中国作为农业大国，曾经一度号称"用7%的耕地养活了世界22%的人口"。电商的兴起，为农业的共享提供庞大平台基础；互联网和大数据的融合，为中国农业提供了精准化的信息支持；物联网技术的发展，使农业进入自动化无人监管的新时代。

共享农业贯穿于整个农业产业链全过程，将成为推进农业农村发展的新动能，农业供给侧结构性改革的新引擎。共享农业将分散零碎的消费需求信息集聚起来，形成规模，实

现与供给方精准匹配对接，是发展共享农业的关键。因此，要在硬件建设上抓好互联网在乡村的普及覆盖，尤其要做好农民手机终端的开发使用。

共享经济进入农业领域，一方面淘汰掉中间环节，另一方面还要真正做到"共享"，为农业、为农村、为农民真正起到帮助作用。共享经济模式最基本的就是拿出私有财产、资源或者信息，与用户达成互惠互利的合作，增加资源的利用率。当前，共享农业已经向共享土地、共享农机、共享农庄等具体的形态上发展。农业推广相关政策的出台，也让一批手持农业科技真本事的人和单位成为共享农业模式的受益者。

第三节　农业在国民经济中的地位和作用

农业是人类衣食之源、生存之本，农业是人类社会历史上最早出现的物质生产部门，是社会生产和其他活动的起点，也是其他国民经济部门得以存在和发展的基础。

一、农业的根本特性

在农业生产中的自然再生产和经济再生产相互交织，因而决定了农业具有不同于工业和其他物质生产部门的若干具体特点和特性，主要是：

第一，土地是农业中最基本的不可替代的生产资料。农业生产的基础是土地，农业生产分布在广阔的土地上，人类的农业活动也主要通过在土地上的劳作，对动植物发生作用而完成的。然而土地又具有自身的自然特性和经济特性，包括土地资源的稀缺性、位置的不变性、用途的选择性、肥力的可变性、效用的持续性、质量的差异性、收益的级差性等，在土地的这些特性与特点基础上，决定了农业生产产生了土地集约经营、规模经营、合理布局等一系列特有的经济特性与问题。

第二，农产品是人类生存所必需的最基本的生活资料。社会的不断进步和经济、科技水平的不断提高，人们的需求发生了巨大变化，同时生活消费水平也发生了巨变，人们的衣、食、住、行都发生了一系列深刻的变化，许多人造食品出现在寻常居民的餐桌，但是无论怎样变化，粮、棉、油、肉、蛋、奶、果、茶、菜等这些最基本的农产品仍然需要农业来提供。

第三，农业生产具有周期性和季节性特点。农业生产的主要劳动对象是动物和植物，动植物的生长发育过程有其自身的运行规律。因此，人们必须严格遵循动植物的生命活动规律，按照动植物的生命活动周期进行生产活动，如春天播种、秋天收获。但是，随着技术的发展和育种的创新，传统的周期性和季节性也在发生着变化，如蔬菜的种植。饲养技术和饲料技术的发展，使得动物饲养的周期也在发生着变化。

第四，农业生产具有空间上的分散性和地域性。由于农业生产活动主要在土地上进行，而土地的位置是固定的，气候环境对农业生产的影响很大，不同的地域环境和气候条件使得农业生产的周期、生产季节和生产结构存在巨大差异，农业生产地域特点显著。

二、农业在国民经济中的地位和作用

农业是国民经济发展的基础，对人类经济社会发展具有多重贡献和多种功能。在人类社会发展的历史长河中，农业一直是安天下、稳民心的基础产业。

农业在国民经济中具有重要的地位和作用。

（一）农业是国民经济的基础

农业是国民经济的基础，是不以人的意志为转移的客观经济规律。

1. 农业是人类社会赖以生存繁衍和发展的基础

生存繁衍和生活一直是人类社会最根本的问题。食物是人类生存和发展必须获得的生活资料。人类的食物包含植物类和动物类两大类，动物类食物来自动物养殖业，植物类食物来自植物种植业。种植业的最基本的特征是，人工栽培绿色植物吸收水分和矿物质，通过光合作用利用太阳能，形成碳水化合物（淀粉、纤维素、葡萄糖）、蛋白质、脂肪、维生素等人类生存繁衍所必需的营养要素。目前，人类还不能通过人工合成的途径取得上述营养要素，因此，种植业和养殖业仍然是满足人类生存和发展的最基本的产业。

我国的基本国情也决定了农业是国民经济的基础。相对于美国等农业发达的国家，我国农业的基础地位仍然比较脆弱。我国是人口大国，农业生产要尽量满足世界五分之一人口的粮食供给，更彰显了农业的国民经济基础地位。农业脆弱的表现是这样的，首先，我国农业生产的技术装备水平与劳动生产率水平均比较低，农业基础设施不完善，抗灾害能力差。其次，我国农产品供给，尤其是粮食供给始终处于基本平衡状态，每年都有缺口。人均农业资源占有量远低于世界平均水平，我国农业的发展受到很大制约。

2. 农业的发展是国民经济其他部门发展的基础

一切非农业部门，其存在和发展都必须以农业的发展为前提、为基础。首先，农业为工业部门及其他经济部门的劳动者提供了必需的生活资料，并养育其子女，使得全社会劳动力得以生存繁衍。其次，农业为工业提供原料和材料，如粮食、棉花、油料、糖料等。因此从一定的意义上说，没有农业就没有工业。农业作为工业的基础，也为轻工业提供原材料，轻工业的原料主要来源是农业。农业提供的原料主要是生产生活资料的原料，这些原料加工以后，仍然是生活资料，只不过改变了其农产品的形态，把原始的农产品形态转变成为工业品形态，作为人类生活消费品的本质并没有改变。

（二）农业的重要功能

农业除了在国民经济发展中具有重要的作用和地位外，还有一系列经济、社会、环境等方面的作用和功能。

1. 社会稳定功能

农业是社会稳定的基础，是安定天下的产业，农业能否稳定发展，能否提供与人们生活水准逐渐提高这一基本趋势相适应的农副产品，关系到社会的安定。"民以食为天，食足天下安。"粮食是人类最基本的生存资料，农业在国民经济中的基础地位，突出地表现在粮食的生产上。如果农业不能提供粮食和必需的食品，那么，人民的生活就不会安定，生产就不能发展，国家将失去安定和自立的基础。从这个意义上讲，农业是安定天下的产业。

2. 生态环境功能

农业是人类社会最早的物质生产部门，也是首先造成人为生态环境问题的部门。过度砍伐森林和掠夺式的耕作不仅曾经导致一些古代文明的毁灭，而且至今仍然有一些地区，特别是热带雨林地区面临着现实生态环境问题。化学肥料、杀虫剂、除草剂、杀菌剂的大量使用所造成的环境污染和自然生态系统破坏则是更普遍的问题。

但是，人类已经从历史经验中吸取了教训，农业生产从总体上看已趋向与生态环境相协调。同时，与其他生产部门相比较，在合理经营的条件下，农业不仅对生态环境的破坏较小，而且能在相当程度上减轻其他部门对生态环境所造成的破坏，在一定范围内改善生态环境。当然，某些地方过度砍伐森林、过度放牧或开垦草原，不适当地围湖造田或滥用湿地，仍然可能造成严重的生态环境问题。我们对此不能掉以轻心。

事实上，农业在这方面的作用不仅仅限于减轻人为的生态环境问题，植树造林、改造沙漠等工作在相当大程度上也是与地质、气候变化所造成的生态环境问题做斗争。无论是中国西北地区古代的绿洲农业，还是现代的"三北工程"，实质上都是以农业为手段对自然环境施加影响，使之向更有利于人类生存的方向变化，更符合可持续发展的目标。对人类社会来说，这些努力的目标不仅是增加农产品的产量，更是改善自然生态环境。

在治理污染方面，农业也有相当重要的作用。粪便和一些生产、生活废弃物在种植业、畜牧业和渔业生产中可以用作有机肥料、饲料、饵料，或者可以通过其他方式加以利用。这样不仅可以增加农业生产，还可以减少对环境的污染。农作物和林木都是绿色植物，它们都以二氧化碳作为光合作用的原料，因而在减少温室效应方面具有积极作用。城市绿地还可以有效地降低噪声、减少空气中的悬浮物，同时削弱都市的"热岛"效应。此外，微生物在废液和废渣无害化的处理中已经发挥了十分显著的作用。

3. 农业的社会文化功能

现代都市的快速发展，给人们的都市社区生活带来了新的压力和困惑，无论在东方还是西方，长期以来，人们都把乡村的田园生活作为理想旳社会生活方式和场所而热情讴歌。信息革命以后，人类社会的发展不断加速，经济、社会、政治、科学、技术和文化都处于日新月异的大变革之中，都市居民的职业、就业地点和居住场所也呈现出经常变化的趋势。在这一持续变动的大背景之下，宁静的乡村生活较多地保持了原有的稳定，远离喧闹城市的纷扰，越来越令人向往。因此，随着社会和经济的进一步发展，现代工业社会的都市生活的弊病日益显现；与此同时，通过现代科学技术和文化改造而使农业和新农村社会获得新生，其社会文化方面的价值也因而重新获得肯定和认识。人们返璞归真的思潮逐渐形成并得以加强，回归自然乡村生活也将形成共识。

另外，无论是植树造林、改造沙漠，还是建立自然保护区，都不是单纯的生产和经济活动，它们同时也是改变人们意识的精神和文化活动。在进行这些精神文化活动的同时，人们必然要反思自身的行为，从更全面、更理性的角度审视人类在自然界的地位，审视人与自然的关系，以及人与人的关系。因此，这类农业生产活动对人类精神文化领域的发展具有不可低估的作用。即使是普通的大田作业，由于农业与自然界的密切关系，也具有这方面的文化作用。

在野外自然环境中的休闲、旅游和观光不仅可以陶冶人们的性情，培养人们对大自然的热爱、对生活和生命的热爱，消除现代都市快节奏生活带来的压力、焦虑和浮躁情绪，还可以通过潜移默化的方式帮助人们更好地认识自然，更深入地理解人与自然的关系，从而更加珍惜和爱护我们赖以生存的环境。为了更好地发挥旅游观光在这方面的作用，包括中国在内的许多国家有意识地将"自然保护区""农业科学园区"办成科普基地，通过组织专题旅游、专题野营和短期培训等多种方式，向大众特别是青少年普及生态环境知识。这种寓教于乐的科普方式在改变公众行为和意识方面效果较好。

（三）农业的经济作用

工业革命以后，农业在国民经济中的比重不断下降。但是，农业在整个国民经济及其发展过程中仍然具有十分重要的作用。

1. 产品贡献

产品贡献指的是农业部门所生产的食物和工业原料。与工业革命的进程一样，国家经济发展的主要表现是工业化、城市化；而工业部门和其他经济部门飞速发展的第一需求是增加食物和工业原料的供应。对于一些国家来说，对食物和原料日益增长的需求绝大部分依靠本国农业的发展来满足。如果本国的农业经济迟滞不前，那么工业化、信息化以及现代化的发展，都无从谈起。将因为缺乏食物和原料而无法推进工业化和现代化的进程。

2. 要素贡献

要素贡献指的是农业生产要素向工业部门和其他部门的转移。农业部门所提供的生产要素主要有农产品、土地、劳动力和资本等。从长期的观点看，农业领域生产要素不断向其他部门转移的过程就是国民经济其他部门的发展过程。在国家发展的初期，农业仍然是主要经济部门，农业部门几乎占有全社会的所有生产要素。随着社会发展和科学技术的进步，农业生产力迅速提高，这样，农村逐渐有了剩余农产品、剩余农业劳动力和剩余农业资本。在此基础上，农业这些生产要素以及其他自然资源不断转入第二产业和第三产业。没有这种要素转移，其他经济部门的发展就面临"无米之炊"的处境。

3. 外汇贡献

外汇贡献指的是农业在平衡国际收支方面的作用。对于一些国家来说，运用大量外汇，进口先进技术设备是加快本国工业化和现代化的有效途径。但是，出于萌芽状态的新兴工业很难提供大量优质且可以出口换取外汇的工业产品。在这种情况下，农业产品就要担当换取外汇重任。扩大农产品的出口或者扩大农业进口替代品的生产以平衡国际收支，是许多国家的主要选择。对这些国家来说，外向型农业的持续增长是国家工业化和现代化的根本保障。

第四节　农业经济管理概述

一、农业经济管理

概括地说，农业经济管理是指对农业生产部门物质资料的生产、交换、消费等经济活动，通过预测、决策、计划、组织、指挥、控制等管理职能，以实现管理者预定目标的一系列工作。农业经济管理属于管理学科。

农业经济管理主要工作包括：充分利用各种农业自然资源和社会经济资源、合理组织农业生产与正确处理生产关系和上层建筑两个方面。在组织农业生产力方面，如正确确定农业各部门的生产结构；处理农、林、牧、副、渔五业的相互关系；正确利用农业各种资源、生产资金和生产资料等。在处理生产关系和上层建筑的方面，正确处理国家、地方和企业之间，地方与地方之间，企业与企业之间以及企业与个人之间，个人与个人之间在生产、交换、分配和消费等方面的相互关系。

二、农业经济管理的性质与内容

农业经济管理是一种管理活动过程。农业经济管理的过程就是对农业经济活动中的各个要素进行合理配置与协调；在这个过程中，包括了人与人、人与物、物与物的关系协调处理。因此，农业经济的管理，必然表现出生产力合理组织方面的活动和工作，也必然表现出正确的维护和调整生产关系方面的活动和工作。

（一）农业经济管理的两重性

1. 自然属性

农业经济管理有与生产力相联系的一面，即生产力的水平来决定的特性，可以把它当作农业经济管理的自然属性。在管理活动中，对生产力的合理组织表现为管理活动的自然属性。对生产力合理组织就是把人、土地等自然资源以及生产资料等生产要素，作为一种具有自然属性的使用价值来对待。具体表现为，土地等自然资源的合理开发和利用、劳动力的合理组织、农业生产资料的合理配备和使用等，以最大限度地发挥生产要素和自然资源的最大效益。

2. 社会属性

农业经济管理也有与生产关系相联系的一面，即生产关系的性质来决定的特性，这是农业经济管理的社会属性。这里主要讲的是农业管理在经济方面，要由一定的生产关系的性质来决定。比如，在人民公社制度下，实行土地公有、集体劳动、按劳分配，农民及家庭只是一个生产成员。目前的联产承包责任制度，保留了土地的集体所有制，建立了集体和农民家庭双层经营体制，把土地所有权与经营权分于，农民家庭既是一个自主生产单位，又是一个自负盈亏的经营单位。农业经济管理在生产关系方面发生了巨大的变化。

（二）农业经济管理的两重性源于农业生产过程的两重性

农业再生产过程，一个方面，是"人与自然"的结合过程，也就是物质的再生产过程，主要是生产要素的合理配置和组合等，要求在组织管理等方面与之相适应；另一个方面，农业再生产过程也是人与人的结合过程，也就是生产关系的再生产过程。比如，生产资料（土地、农机具等）归谁所有，产品如何分配，人与人之间是一种什么关系等。农业经济管理是因农业经济活动的要求而产生的，是为农业经济活动服务的，所以农业经济活动的这些要求，必然要反映到农业经济管理上来，这就产生了农业经济管理的两重性。生产力决定生产关系，生产关系必须适应生产力的要求，生产力和生产关系构成了一定社会的生产方式。管理是上层建筑，上层建筑必须为经济基础服务，从这个理论上来说，农业经济管理必然具有两重性。

不同国家生产力组织的区别主要由各国的自然、技术条件和经济发展水平决定；生产关系调整的区别，主要由各个国家的社会意识形态、所有制性质的区别所决定。

（三）农业经济管理的内容

农业经济管理的内容是由其涉及的范围和属性决定的。就其涉及的范围而言，农业经济管理的内容包括农业宏观管理和微观管理两部分；就其属性而言，农业经济管理的内容涵盖农业生产力和农业生产关系两个方面。

我国的农业经济管理是社会主义经济管理的组成部分，它包括整个农业部门经济管理和农业经营主体的经营管理。

农业部门的经济管理包括农业经济管理的机构和管理体制、农业经济结构管理、农业自然资源管理、农业生产布局管理、农业计划管理、农业劳动力资源管理、农业机械化管理、农业技术管理、农用物资管理、农产品流通管理和农业资金管理等宏观经济管理。

农业经营主体的经营管理包括集体所有制农业企业和全民所有制农业企业等各类农业经营主体的经营管理，内容有决策管理、计划管理、劳动管理、机务管理、物资管理、财务管理和收益分配等微观经济管理。宏观的农业经济管理与微观的农业经济管理，是整体和局部的关系，两者相互依存，相互促进，相互制约，两者都涉及完善生产关系、调整上层建筑、合理组织和有效利用生产力的问题。

三、农业经济管理的职能与目标

（一）农业经济管理的职能

农业经济管理具有两重性：一是由生产力、社会化生产所决定的自然属性（或称共同性）；二是由生产关系、社会制度所决定的社会属性（或称特殊性）。农业经济管理的两重性决定了它有两个基本职能，即合理组织生产力和正确维护和调节生产关系。这两个基本职能是适应农业经济发展的要求而产生的。这两个基本职能相匹配的具体职能就是计划、组织、指挥、协调、控制等。

（二）农业经济管理的目标

农业经济管理的目标是指国家在农业经济管理方面所要达到的农业经济运行状态的预定目标。农业经济管理的目标决定着管理的重点、内容和着力方向；同时，它也是评价农业经济管理工作的重要依据。现实中，农业经济管理的目标包括以下几点。

1. 实现农业增效、农民增收

实现农业增效、农民增收是市场经济条件下政府管理农业经济的首要目标，也是提升农业竞争力、调动农民积极性的核心问题。党的十五届三中全会明确提出，必须把调动广大农民的生产积极性作为制定农村政策的首要出发点，并指出：这是政治上正确对待农民和巩固工农联盟的重大问题，是农村经济社会发展的根本保证。尤其是在近年来农民收入增长缓慢、城乡居民收入差距不断扩大的新形势下，更要把农业增效、农民增收作为农业经济管理的首要目标，这是保证农业和农村经济长足发展的动力源泉。

2. 保障粮食安全和其他农产品的有效供给

尽管农业的功能在不断拓展，但为生产生活提供质优价廉、数量充足的农产品仍旧是农业的基本功能。农业经济管理的目标之一就是根据不同历史时期农产品供求关系的变化，制定合理的农业经济政策，并利用财政、信贷、价格、利息杠杆对农产品的生产与供应进行宏观调控，引导农产品的生产与供应。在保证粮食生产安全的前提下，根据人们消费向营养、安全、健康、多样化方向发展的趋势，大力推进农业绿色食品产业的发展，增加绿色食品的市场供给。

3. 优化农业结构，提升产业层次

农业产业结构的合理与否，对于农业经济的良性循环和长足发展，对于农业整体效能的提升，意义重大。因此，调整优化农业产业结构，提升农业产业层次始终是农业经济管理的重要目标之一。尤其是在我国当前农产品供给总量平衡、结构性矛盾突出的情况下，进行农业结构的战略性调整，推动农业产业结构的不断优化和升级，是我国农业步入新阶段的必然趋势，也是当前农业经济管理工作的中心任务。

4. 转变农业增长方式，提高农业生产效率

促进农业经济增长方式由粗放经营向集约经营转变，由资源依赖型向技术驱动型转变，是改造传统农业、建设现代农业的必然要求，也是大幅度提高农业劳动生产率、土地生产率的根本途径。

5. 实现农民充分就业

在21世纪，中国要解决占世界人口六分之一之众的农民的就业问题，其难度要大大超过20世纪解决他们吃饭问题的难度。农民就业不充分是农民收入增长缓慢、农村市场购买力不足、农业规模效益低的深层次根源。因此，研究探索实现农民充分就业的途径，理应成为农业经济管理的具体目标。

四、农业经济管理方法

农业经济管理的实施需要借助于一系列的方法来实现既定的目标和任务。农业经济管

理是由多种方法组成的系统，其中包括法律的、行政的、经济技术的、思想政治的和教育的等方法。各种管理方法只有相互配合，灵活利用，才能达到预期的效果。

（一）管理方法

管理方法是指为保证管理活动顺利进行，达到管理目标，在管理过程中管理主体对客体实施管理的各种方式、手段、办法、措施、途径的综合。

根据方法的性质与适用范围，可将管理方法分为管理的哲学方法、管理的一般方法和管理的具体方法。按照管理对象的范围可划分为宏观管理方法、中观管理方法和微观管理方法；按照所运用方法的量化程度可划分为定性方法和定量方法等。

（二）法律方法

法律方法是指国家根据广大人民群众的根本利益，通过各种法律、法令、条例和司法、仲裁工作，调整社会经济的总体活动和各企业、单位在微观活动中所发生的各种关系，以保证和促进社会经济发展的管理方法。

法律方法运用的形式多种多样，但就其主要形式来说，包括以下几种：立法、司法、仲裁和法律教育。

（三）行政方法

行政方法是指管理主体依靠组织的权力和权威，按照自上而下的行政隶属关系，通过下达指令、发布命令、做出规定等强制性行政手段，直接对被管理者进行指挥和控制。它的实质是通过行政组织中的职务和职位来进行管理。它特别强调职责、职权、职位，而并非个人的能力。行政方法的主要形式包括命令、指令、指示、决议、决定、通知和通告等，都是自上而下发挥作用。

（四）经济方法

经济方法是指管理主体按照经济规律的客观要求，运用各种经济手段，通过调节各种经济利益关系，以引导组织和个人的行为，保证管理目标顺利实现的管理方法。

经济方法是政府调节宏观经济的有力工具，同时也是调动组织和个人的积极性的重要手段。

（五）思想政治教育方法

思想政治教育方法是管理活动中最为灵活的管理方法，它需要针对不同的对象，根据不同的情况采取不同的形式。它以人为中心，通过教育，不断提高人的政治思想素质、文化知识素质、专业水平素质。

（六）技术方法

技术方法是指组织中各个层次的管理者（包括高层管理者、中层管理者和基层管理者）根据管理活动的需要，自觉运用自己或他人所掌握的各类技术，以提高管理的效率和效果的管理方法。这里所说的各类技术，主要包括信息技术、网络技术、预测技术、决策技术、计划技术、组织技术和控制技术等。

第二章 农业微观经济组织

第一节 农业家庭经营

一、农业家庭经营概念

农业的发展必须以完善的农业微观组织体系作为依托和支撑，其中农业家庭经营组织居于微观组织体系的主体地位，对农业的发展起着基础性的保障作用。

农业家庭经营是指以农民家庭为相对独立的生产经营单位，以家庭劳动力为主，所从事的农业生产经营活动。农民家庭既是生活消费单位又是生产经营单位，作为生产单位，实行家长制或户主制管理，不同于公司制企业实行规范的内部治理结构；农业家庭经营突出劳动组织以家庭成员的协作为主，家庭代表者负责农业经营的管理运营，家庭成员承担大部分农业劳动，强调以使用家庭劳动力为主，而非以雇工经营为主。

农业家庭经营是一种弹性很大的经营方式，可以与不同的所有制、不同的社会制度、不同的物质技术条件、不同的生产力水平相适应。因此农业家庭经营在很长的历史阶段中占据主要地位。

为什么农业家庭经营在农业生产中占据主要地位呢？这是由于：第一，农业生产是自然再生产和经济再生产交织在一起且生产周期长，决定了农业生产和家庭经营需要密切结合；第二，农业风险大，农业自然环境条件的不可控性和劳动成果最后决定性，成就了家庭经营是最好的组织形式；第三，家庭成员利益的一致性，使农业生产管理监督成本最小；第四，家庭成员在性别、年龄、技能上的差别，劳动力得到充分利用并降低用工成本；第五，家庭中资金、技术和信息可在不同产业、职业成员间共享，有利于非农资金、技术支持农业；最后，高度发达的现代化农业家庭经营已走上了商品化、企业化、规模化、社会化发展道路。

二、农业家庭经营的发展与创新

（一）家庭经营现状

家庭承包经营已经成为我国农业生产的基本组织形式，随着社会经济发展，它也暴露出一些问题，表现为：

1. 经营单元小，缺乏规模效应

我国人口众多，耕地面积少，贯彻"公平优先、兼顾效率"的原则，实行"耕者有其田"的政策，土地按照劳动力或人劳比例进行平均分配，导致了每个农户所经营的土地面积有限，规模较小，土地所承担的社会保障功能高于生产功能。随着农村经济的发展，农户经营规模过小导致了一系列问题，比如家庭劳动资源得不到充分利用，一些高素质劳动力开始脱离农业进入第二、第三产业，农村劳动力呈现老龄化和以妇女为主；集约化、标准化程度低，种养成本不断加大，农产品频繁遭遇卖难买贵。农民收入的减少拉低了农业技术进步的动力和物质技术装备资金的投入等等。随着农村劳动力的持续转移，实行农业生产规模化经营已成必然。

2. 农民组织化程度亟须提高

随着农产品市场化程度的提高，分散的农户进入市场参与竞争遭遇许多障碍。一方面，农户在市场交易中由于市场经济意识淡薄，加之供求信息不对称，导致对市场判断不准确，缺乏与市场对接的有效渠道，生产什么卖什么。另一方面，由于农户之间缺乏协作机制，缺乏自我组织能力和代表农户利益的合作经济组织，千家万户独自闯市场，农产品生产的单一性、季节性、产量大、不耐储藏等特点与消费的多品种、连续性、标准化要求难以匹配，加之交易批量小，交易频率高，大大提高了市场的交易成本。因此联手组建合作组织，抱团打天下，与现代商业流通业快速对接，成为必然趋势。

3. 管理人才和管理水平欠缺

家庭经营管理基本是家长制管理，家庭成员之间自觉服从家长管理，生产经营决策一般由家长做出，因此家庭经营的管理水平取决于家长的管理水平。随着大量青壮年劳动力流入城市，家庭承包经营的主体成员多为老人和妇女，他们掌握新技术和新理念的难度大，而农业的可持续发展和农业现代化迫切需要大批懂技术会管理的职业化人才。

4. 土地承包存在期限限制

稳定农村土地承包经营关系的关键，是农村土地承包要有一个较长甚至永久的期限。《农村土地承包法》第二十条规定："耕地的承包期为 30 年。草地的承包期为 30 至 50 年。

林地的承包期为 30 至 70 年；特殊林木的林地承包期，经国务院农业行政主管部门批准可以延长。"这表明农村土地家庭承包的期限不少于 30 年，这与改革开放后农村土地第一轮承包 15 年期限相比要长，更有利于稳定承包关系。但承包期无论是 30 年，还是多于 30 年，虽长短有别，终究还是存在时间限制，还不能够彻底消除农民对所承包土地因存在期限、迟早被收回而无法充分有效地保障自己各种收益的担心。

5. 土地承包经营权流转制度亟须健全

《农村土地承包法》第九条规定："国家保护承包方依法、自愿、有偿地进行土地承包经营权流转。"同时，《农村土地承包法》对承包方和受让方的资格做了严格限定，要求承包方必须"有稳定的非农职业或者有稳定的收入来源"，受让方必须是"其他从事农业生产经营的农户"。限定受让方的资格，目的在于维护和确保被承包土地的农业经营性质，但现实中大量存在因个人意愿、能力等因素不愿从事土地承包经营的农户，他们希望通过自由转让土地承包经营权获取最原始的启动资金，以从事其他非农职业，获得稳定收入，土地承包经营权转让的条件限制，阻碍了他们从事其他非农职业的积极性，无法避免其对承包土地的低效利用和短期行为，这不仅影响了农村家庭承包经营的稳定和完善，而且不利于社会主义市场经济体制在农村的建立和发展，不利于农业综合生产能力的提高以及农村经济的发展。

（二）家庭经营的发展与创新

家庭经营的组织结构已成为我国农村生产力发展最可靠的支点。建设社会主义的新农村，农业要走向现代化，首先要实现家庭经营制度的创新。

第一，创新土地承包经营权流转，发展多种形式的适度规模经营。推进土地承包经营权流转，发展农业规模经营，是转变农业增长方式的有效途径。土地适度规模经营是通过土地使用权流转和集中来实现的，因此，土地使用权流转机制是否有效、灵活、合理，是发展土地适度规模经营的一个重要环节。要妥善解决土地使用权流转中存在的问题，促使土地合理集中，必须健全土地使用权流转的法律机制，在以法律手段明确土地所有权、稳定农户承包权的基础上，恢复土地的商品属性，在承包期内允许土地使用权依法转包、出租、抵押、入股、继承等。由于我国各地自然条件和经济条件差异较大，土地使用权流转不可能采取单一的方式。各地在家庭承包经营的实施和完善过程中，积极探索了多种土地使用权流转的方式，法律应对这些方式做出相应的规范，将土地使用权流转纳入法制的轨道。

土地承包经营权的流转为农业规模经营奠定了基础。适度规模经营是我国农业经济发展的必然趋势，是调整现有土地经营方式、推进农村产业结构调整、发展现代农业和农民收入增长的重要途径。

第二，提高家庭经营组织化，特别是要提升产业关联程度。随着农业现代化水平的提高，农业社会化分工越来越细，产业关联程度越来越强。从新经济学的观点看，当市场经济发展到一定程度，市场主体间的关系不能单纯依靠交易来维持，需要发展一定的非市场组织。为了解决家庭承包经营的分散性、不经济性，更好地满足市场不断增长的农产品需求，需要在坚持家庭承包经营的基础上，通过大力发展农民专业合作经济组织，促进农业产业化经营，不断提高农户的组织化程度，提升农业各产业关联程度，使家庭经营与农业生产力发展、与市场经济发展相适应。

第三，建立健全农业社会化服务体系。农业社会化服务体系是为农业生产提供社会化服务的组织机构和制度的总称。发展和完善农业社会化服务体系可以促进小生产与大市场的有效连接，引导农户抱团走向市场，改变农户分散生产、孤立销售的现状。同时社会化服务体系的完善也能够很好解决农户在农业各环节及生产经营中的诸多限制。农业社会化服务体系涵盖农民合作社、龙头企业、农民技术经济协会、政府农技推广机构、各类咨询服务机构、金融保险机构。建立健全农业社会化服务体系，有利于打破农户和农业部门本身限制，从外部获取更多的信息、物质、能量，提高农业竞争能力；有利于克服农业技术落后的现状，减少流通环节，促进农产品标准化、规模化、多样化、品牌化发展。

第四，大力发展家庭农场。家庭农场是指以家庭成员为主要劳动力，从事农业规模化、集约化、商品化生产经营，并以农业收入为家庭主要收入的新型农业经营主体。家庭农场具有一定规模，区别于小农户；家庭农场以家庭劳动力为主，区别于工商资本农场的雇工农业；家庭农场具有相对稳定性，区别于兼业农业和各种承包的短期行为；家庭农场需要工商注册，是农业企业的一种形式，家庭农场的经营活动有完整的财务收支记录，区别于小农户和承包大户。

第五，鼓励工商资本积极参与现代农业发展。规范、引导、鼓励工商资本投资农业，重点发展适合企业化经营的农产品加工、流通领域的第二、第三产业，以此带动农业生产发展，带领农民增收致富。

第二节 农业合作经济组织

合作经济是社会经济发展到一定阶段，劳动者自愿联合、民主管理、获取服务和利益的合作成员个人所有和合作成员共同所有相结合的经济形式。合作经济组织就是体现这种合作经济关系的典型组织形式。当前，积极发展农村合作经济组织，既是完善社会主义市场经济体制的客观需要，更是社会主义新农村生产发展的重要内容。

一、农业合作经济组织概述

（一）农业合作经济组织的内涵

农业合作经济组织是指农民特别是以家庭经营为主的农业小生产者为了维护和改善自己的生产以及生活条件，在自愿互助和平等互利基础上发展起来的，实行自主经营、民主管理、共负盈亏的，从事特定经济活动的农业经济组织形式。其本质特征是劳动者在经济上的联合。

农业合作经济组织一般具有以下特征：

1. 农业合作经济组织是具有独立财产所有权的农民自愿联合的组织，农民有加入或退出的自由，对合作组织承担无限或有限责任。

2. 农业合作经济组织成员是平等互利的关系，组织内部实行民主管理，组织的发展方针和重大事项由成员集体参与决定。

3. 农业合作经济组织是为其成员利益服务的组织，维护组织成员的利益是组织存在的主要目的。

4. 农业合作经济组织是具有独立财产的经济实体，实行合作占有，实行合作积累制，盈余可采取灵活多样的分配方式。

只有符合以上规定的经济组织才是比较规范的农业合作经济组织。农业合作经济组织是独立经营的企业组织，不是政治组织、文化组织、社会组织或者群众组织；是实行自负盈亏、独立经济核算的经济组织，凡是不以营利为目的、无经营内容、不实行严格经济核算的组织都不是农业合作经济组织。

（二）农业合作经济组织的特征

1. 合作目标具有服务性与盈利性相结合的双重性

农业合作组织既要向各个成员提供生产经营服务，又要最大限度地追求利润，存在着互利和互竞关系。合作经济组织是为适应生产经营规模化、生产经营风险最小化、劳动生产率提高而组建的，必须为各个成员提供各方面服务，因此与其成员的经济往来，不以追求利润最大化为目标。但是当它与外部发生经济往来时，就必须通过追求利润最大化谋求生存，也只有如此，才能更好地为其成员提供优质服务。

2. 合作经营结构具有统一经营与分散经营相结合的双层次性

农业合作经济组织是在以家庭经营为基本生产经营单位的前提下，对适宜于合作经营的生产、加工、储藏、销售、营销、服务等环节由合作组织统一安排、统一经营，其他环节保持家庭经营的独立性。合作经济组织构筑在家庭经营之上，并为其提高效益服务。

3. 自愿结合与民主协商的有效组合

合作经济组织建立在农民自愿基础之上，是农民的自主选择，能够最大限度地发挥成员的积极性、责任感和生产热情，保证合作经济组织旺盛的生命力。同时在生产经营过程中，通过民主协商制定系列规章和决策，并产生相应的法律效力，保证了合作经济组织强大的凝聚力和发展的推动力。

（三）农业合作经济组织作用与功能

1. 发挥协作优势降低农民的交易费用

市场经济条件下，农户在参与经济活动的过程中，要发生各种各样的费用，比如市场信息费用、价格搜寻费用、购买各种生产服务的费用、形成交易的谈判费用等等。由于农户商品交易量小，交易相对分散，所以单位产品的交易成本相对较高。合作经济组织可将农户少量的剩余农产品和有限需求集中起来形成较大批量的交易，有利于农产品争取有利的交易条件，从而降低交易费用。

农业合作经济组织的壮大还有利于减少交易中的不确定性，从而避免交易风险。

2. 提高农户在市场交易谈判中的地位和竞争力

农户参与市场经济需要公平竞争。市场主体竞争能力的强弱是与组织化程度成正相关的。农业合作经济组织作为一个比较强势的整体参与市场交易时，可增加农户在产品市场和要素市场讨价还价的能力，提高农户的地位，有效地抵御来自各方面对农户利益的不合理侵蚀，形成农户利益的自我保护机制。农业合作经济组织增强了广大农民的谈判意识，有效地遏止了侵害农民合法权益的各种机会主义倾向，提高了农民的竞争能力，并为实现政府对农民直接补贴提供了载体。

3. 可以获得政府质量较高的服务

分散的单个农户在政府这个理性的政治实体面前往往束手无策和无足轻重，他们要想挤进政府决策的谈判圈，独立自主地与社会其他利益集团进行平等的讨价还价非常困难。农户加入农业合作经济组织并随着其规模的扩大，可以形成一个强势集团，从而有可能挤进政府的决策圈。政府在制定和选择政策时，就有可能考虑农业合作组织的利益。

4. 有效地减少或避免各种农业经营风险

随着农业市场化趋向改革的不断深化，分散的农业生产单位和大市场之间的矛盾逐渐突出，单个的小生产很难抵御自然风险和市场风险，往往导致农业再生产的中断，经常出现一哄而上又一哄而下的局面，使农业生产发生大起大伏的周期性变动，给国民经济也给农民自身带来了损失。建立农业合作经济组织，可以改变单个农户经营规模小、信息不对称、自身素质低、谈判地位差的局面，发挥合作优势，大大降低盲目性，从而规避和抵御风险。通过合作抵御自然灾害、突发事件等对农业生产者、经营者造成的重大损失。同时，农村合作经济组织能有效地提高技术普及的广度和深度，最大限度地发挥新技术所具有的增产增效潜力，有效地化解各种自然风险和市场风险对农业生产的侵蚀。

5. 实现土地规模经营

土地制度是与家庭承包制相联系的农业经营制度的核心问题，土地"均分制"带来的土地细碎化问题非常严重。实现土地规模经营，就必须适当合并地块，但这不是单个农户的独立行动可以奏效的，需要由农业合作经济组织来进行组织和协调。

（四）农业合作经济组织运行的基本原则

判断一个经济组织是不是合作经济组织，关键看它是否遵循合作经济组织运行的基本原则。国际合作联盟修订后的合作经济组织的运行原则包括七条：

1. 自愿和开放会员制原则

合作社是自愿性的组织，任何人只要能从合作社的服务中获益并且能够履行社员义务、承担社员责任都可入社，无任何人为的限制及社会、政治歧视。

2. 民主管理和会员控制原则

合作社是社员管理的民主组织，其方针政策和重大事项由社员参与决策。管理人员由社员选举产生或以社员同意的方式指派，并对社员负责。基层合作社社员享有平等的投票权，其他层次合作社也要实行民主管理。

3. 社员经济参与原则

社员要公平入股，民主管理合作社资金。股金只能获分红，股利受严格限制，不能超过市场通行的普通利率。合作社盈余可用于合作社发展、公共服务事业，或按社员与合作社交易额的比例在社员中分配。

4. 教育、培训与信息原则

所有合作社都应向社员、雇员及一般公众进行教育，使他们了解合作社在经济、民主方面的原则和活动方式，更好地推动合作社发展。

5. 自主与自立原则

合作社是社员管理的自主、自助组织，若与其他组织达成协议，或从其他渠道募集资金时，必须保证社员的民主管理，保持合作社的自立性。

6. 合作社之间的合作原则

为更好地为社员和社区利益服务，所有合作社都须以各种切实可行的方式与地方性的、全国性的或者国际性的合作社组织加强合作，促进合作社发展。

7. 关注社区原则

合作社在满足社员需求的前提下，有责任保护和促进社区经济、社会、文化教育、环境等方面的可持续发展。

（五）农业合作经济组织的类型

农业合作经济组织可以从不同的角度进行分类。

1. 按照合作的领域

农业合作经济组织可分为生产合作、流通合作、信用合作、其他合作。生产合作，包括农业生产全过程的合作、农业生产过程某些环节的合作、农产品加工的合作等。流通合作，包括农业生产资料、农民生活资料的供应、农产品的购销运存等方面的合作。信用合作，是农民为解决农业生产和流通中的资金需要而成立的合作组织，如农村资金互助社。其他合作，如消费合作社、合作医疗等。

2. 按照合作组织成员来源

农业合作经济组织可分为社区性合作、专业性合作。社区性合作，是以农村社区为单位组织的合作，如现阶段的村级合作经济组织。社区性合作经济组织通常与农村行政社区结合在一起，因此既是农民的经济组织，也是社区农民政治上的自治组织，成为联结政府与农民、农户与社区外其他经济合作组织的桥梁和纽带。专业性合作，一般是专业生产方向相同的农户联合组建专业协会、专业合作社等，以解决农业生产中的技术、农业生产资料供应、农产品销售等问题。该类合作可以跨地区合作，成员也可加入不同的合作组织。

3. 按照合作组织的产权结构

农业合作经济组织可以分为传统合作和股份合作。传统合作，是按照传统的合作制原则组织起来的合作经济组织，实行一员一票、民主管理，盈余分配按照合作社与社员的交易量确定。股份合作，是农民以土地、资金、劳动等生产要素入股联合组建的合作经济组织。股份合作经济组织是劳动联合与物质要素联合的结合体，不受单位、地区、行业、所有制等限制，因此具有很大的包容性。组织管理实行股份制与合作制的双重运行机制结合，分配上实行按交易量分配与按股分红相结合。

二、农民合作社

农业合作社作为农业合作经济的主要组织形式，在当代农业和农村经济发展中发挥了重要的作用。

为支持、引导、规范农民专业合作社的组织、行为、发展，保护农民专业合作社及其成员的合法权益，促进农村和农业经济的发展，《中华人民共和国农民专业合作社法》明确规定了农民专业合作社的性质、原则、设立登记、成员资格、组织机构、财务管理、法律责任、扶持政策等等，为我国农民专业合作社的发展提供了法律保障。

（一）农民合作社的概念

《中华人民共和国农民专业合作社法》中明确指出，农民合作社是指在农村家庭承包经营基础上，同类农产品的生产经营者或者同类农产品的生产经营服务提供者、利用者，自愿结合、民主管理的互助性经济组织。农民合作社以其成员为主要服务对象，提供农业生产资料的购买，农产品的销售、加工、储藏、运输，以及与农业生产经营相关的技术、信息等服务。

由此可见，我国农民合作社具有以下特征：

1. 农民合作社是以农民为主体的专业性合作经济组织

法律规定，农民合作社成员以农民为主体，农民成员不得少于80%，从事与农民合作社业务直接相关的生产经营活动的企业、事业单位或者社会团体可依法申请自愿加入，但是具有管理公共事务职能的单位不得加入。法律还规定，只有同类农产品的生产者或者同类农业生产经营服务的提供者、利用者，才能按比例依法自愿申请加入。

2. 自愿联合、民主参与的自治性合作经济组织

农民合作社为成员提供民主、平等、公平、自助参与组织管理的机会，是社员民主选举、民主决策、民主管理、民主监督的组织，所有重大方针、重大事项都必须由成员共同参与制定，成员享有平等的选举权，任何单位、个人不得干预合作社内部事务，不得侵犯合作社及其成员权益。县级以上人民政府的农业行政主管部门和其他有关部门及组织，只能依法对合作社建设发展给予指导、扶持和服务。

3. 合作互助的对内服务性合作经济组织

《农民专业合作社法》明确规定，农民合作社以其成员为主要服务对象，提供农业生产资料的购买和农产品的销售、加工、运输、储存以及与农业生产经营有关的技术、信息等服务；农民合作社必须以服务成员为宗旨，谋求全体成员的共同利益。所有这些法律规定都充分说明了农民专业合作社不同于其他组织的典型特征是对内服务性，农民合作社在互助的基础上为成员提供服务，谋求全体成员共同利益，不同于股份制企业，同时又是为成员之间相互合作、相互补充、相互服务提供媒介的互助性合作经济组织。

4. 对外追求利润最大化、对内强调非营利性的合作经济组织

农民合作社是劳动者的联合，区别于资本联合为主的普通企业。法律规定，农民专业

合作社依法律登记取得法人资格，对成员出资、公积金、国家财政直接补助、他人捐赠以及其他合法取得的资产所形成的财产，享有占有、使用和处分的权利，并以上述财产对债务承担责任，成员以其账户内记载的出资额和所享有的公积金份额为限承担责任。农民合作社经营所得盈余要按照成员与合作社的交易量（额）比例返还给成员。因此，农民合作社作为独立的企业对外要谋求利润最大化，作为合作经济组织对内以服务成员为宗旨。

（二）农民合作社组建原则

组建农民专业合作社应遵循以下原则：

1. 成员以农民为主体。

有五名以上符合规定的成员，即具有民事行为能力的公民，以及从事与农民合作社业务直接有关的生产经营活动的企业、事业单位或者社会团体，能够利用农民专业合作社提供的服务，承认并遵守农民专业合作社章程，履行章程规定的入社手续的，可以成为农民合作社的成员。但是，具有管理公共事务职能的单位不得加入农民专业合作社。农民合作社的成员中，农民至少应当占成员总数的80%。成员总数20人以下的，可以有一个企业、事业单位或者社会团体成员；成员总数超过20人的，企业、事业单位和社会团体成员不得超过成员总数的5%。

2. 以服务成员为宗旨，谋求全体成员的共同利益。

3. 入社自愿，退社自由。

4. 成员地位平等，民主管理。

农民专业合作社是全体成员的合作社，成员依法享有表决权、选举权和被选举权，并按照章程规定对合作社实行民主管理。

5. 盈余主要按照成员与合作社的交易量比例返还。

农民专业合作社可以按照章程规定或者成员大会决议从当年盈余中提取公积金，公积金用于弥补亏损、扩大生产经营或者转为成员出资，每年提取的公积金按照章程规定量化为每个成员的份额。弥补亏损、提取公积金之后的当年盈余，为农民专业合作社的可分配盈余。可分配盈余按照成员与本社的交易量（额）比例返还，返还总额不得低于可分配盈余的60%；按前项规定返还后的剩余部分，以成员账户中记载的出资额和公积金份额，以及本社接受国家财政直接补助和他人捐赠形成的财产平均量化到成员的份额，按比例分配给本社成员。

（三）农民合作社设立程序

1. 发起筹备。成立筹备委员会，制订筹备工作方案。由发起人拟定社名，确定业务范围。准备发起申请书。

2. 制定合作社章程。章程应载明：合作社名称和住所；业务范围；成员资格及入社、退社和除名；成员的权利和义务；组织机构及其产生办法、职权、任期、议事规则；成员的出资方式、出资额；财务管理和盈余分配、亏损处理；章程修改程序；解散事由和清算办法；公告事项及发布方式；需要规定的其他事项。

3. 推荐理事会、监事会候选人名单。依托有关部门和社会力量创建的合作社，应吸纳足够数量的农民成员参加理事会和监事会。

4. 召开全体设立人大会。呈请当地合作组织主管部门派员出席指导，通知会员参加成立大会。

5. 组建工作机制。召开工作会议，成立合作社办事机构；聘任办事机构业务部门负责人；召开业务会议，布置开展合作社业务工作。

6. 登记、注册。

（四）农民合作社的发展

实践证明，农民专业合作社是增加农民收入、促进规模经营、提高农民组织化程度、推动地方经济发展的重要载体。加强农民专业合作社的发展，应从以下几方面做好相关工作：

1. 加强农民合作社发展的宣传工作

在政府相关部门、农民、涉农企业进行全面宣传，让其洞悉农民专业的组织管理制度、民主议事决策制度、财务制度、盈余分配制度。各级主管部门要为合作社的设立登记提供方便。同时让合作社成员了解国家相关扶持政策和政府责任，并积极落实相关项目扶持、财政补助、金融支持、税收优惠政策，促进农民专业合作社快速规范发展。

2. 积极开展对农民合作社的帮扶工作

继续加大财政对农民合作社的扶持力度。加强项目立项扶持。积极开展农民专业合作社会计培训辅导工作。持续开展新型职业农民、社长、种养殖大户、经纪人、农业技术推广人员的培训，增强农民专业合作社的经营服务能力。

3. 规范内部管理，提高农民专业合作社管理水平

规范合作社成员身份认定、数量、结构、出资、退社及权利享有，保障成员合法权益。规范章程及议事制度、监事制度，规范财务管理制度、社务公开制度，规范公积金的提取和使用，完善利益分配机制，建立有效的内部激励机制，不断提高农民合作社的决策效率，促进生产专业化，提高市场竞争能力。

4. 拓展农民专业合作社服务能力

合作社能够减少农产品交易的不确定性，有助于减少农产品和农业专有资产的损失，

有助于节省交易成本，能够发挥协作优势，为农户提供最直接、最具体的服务。正是它的载体和服务功能，使得农民专业合作社成为农业社会化服务体系中不可取代的重要组成部分。农民合作社只有不断提高服务能力，才能吸引更多的农户自愿加入，农户强烈的愿望是农民专业合作社发展的根本动力。

三、农民股份合作组织

（一）农民股份合作社的概念

农民股份合作社是以农民为主体，把依法属于农村集体经济组织的经营性资产，主要包括耕地、林地、水体、农田水利设施、生产性道路、现金、村或居民小组创办的企业或与其他企业合作、合资形成的股权等资产，通过清产核资，量化到集体经济组织成员个人，在此基础上，按照现代企业制度的要求，组建起自主经营、自负盈亏、利益共享、风险共担的法人经济实体。它既不同于农民专业合作社，也不同于股份制企业。

（二）农民股份合作社的基本特征

1. 成员坚持以农民为主体

农民股份合作社与农民专业合作社一样，坚持以农民为主体，原则上农民成员应当占成员总数的80%，这是农民股份合作社与股份制企业的一个根本区别。合作社以普通农户为主体，种养大户为重点，一些保留农村承包地的农民和在农业领域创业兴业的城镇下岗职工、大学毕业生也可以加入农村新型股份合作社。

2. 探索处理多种要素合作与劳动合作关系，实现股金保值增值

农民可以土地入股形式加入合作社，进而盘活土地资源，还可以劳务收入、资金、技术、设施设备、生物资产等多种要素作为股份。农民发展股份合作社的目的不同于发展专业合作社；农民发展专业合作社，是为了利用合作社为成员提供服务，这是农民专业合作社的基本功能；农民发展股份合作社，是为了分享股金红利，让成员股金实现保值增值应该是农民股份合作社的基本功能。

3. 管理实行一股一票制

农民专业合作社是人的联合，成员地位平等，实行一人一票，民主管理。农民股份合作社既是人的联合，更是资本的联合，在管理方式上应该像股份制公司一样，实行一股一票。

4. 盈利按股分红

农民股份合作社分配办法不同于农民专业合作社，农民专业合作社盈利主要按成员与

合作社的交易量（额）比例返还。农民股份合作社的盈利则应全部实行按股分红。

5. 实现了合作领域的新突破

农民股份合作社不局限于种植、养殖等农业主导产业和特色产业，还发展了一批乡村旅游、劳务等合作社。农民股份合作社是社员自愿选择的结果，多数发起人具有企业家人才特质并积累了较多的资金、销售渠道资源，受利益驱使而牵头领办合作社，为了更多地获取合作社经营的盈余，他们愿意以缴纳股份的方式组织合作社，利用资金优势获得更多的剩余分配权，同时股份化的制度安排能够实现发起人企业家人力资本的资本化。普通社员在衡量成本收益后也愿意加入股份化合作社，以更多地降低风险、节约成本、提高收益水平。

（三）农民股份合作社的表现形式

1. 农地股份合作社

农民以土地承包经营权和资金入股设立农地股份合作社，分享农业适度规模经营效益。农地股份合作社又分为两种形式：一种是内股外租型的农地股份合作社，即农民以土地承包经营权入股，成立农地股份合作社，将承包地集中流转起来，统一对外发包给他人经营；另一种是经营实体型的农地股份合作社，即农民以土地承包经营权入股，专业大户以资金入股，共同组建农地股份合作社，直接从事高效农业项目，对农户入股的土地实行保底分红。

2. 社区股份合作社

农村集体经济组织成员以其量化到其名下的集体经营性净资产的份额入股，设立社区股份合作社。

3. 富民股份合作社

以农民投资入股为主，村集体参股，设立富民股份合作社，建造房产，从事物业经营活动，让农民分享二、三产业经营收益，带动更多农民增收致富。

第三节　农业产业化经营

一、农业产业化经营概述

（一）农业产业化概念

狭义地理解农业产业化即"农业产业系列化"，是指一个农产品升格为一个系列，使农业成为包含生产加工、流通在内的完整的产业系列。广义来看，农业产业化应当把农业和其他关联产业看成一个有机整体，是农业产前、产中、产后三个领域全部内容的总和。不仅包括第一产业，而且包括与之关联的第二、第三产业。

因此，农业产业化的内涵是指农业与其他相关产业，在专业化生产的基础上，以市场为导向，以效益为中心，以利益为纽带，以农户经营为基础，以龙头企业为依托，以系列化服务为手段，实行种养、产供销、农工商一体化经营，将农业再生产的生产全过程的诸环节联结为一个完整的产业系统，由多方参与主体自愿结成经济利益共同体的农业经营方式。其中，支柱产业是农业产业化的基础，骨干企业是农业产业化的关键，商品基地是农业产业化的依托。

（二）农业产业化特点

农业产业化经营是农业由传统生产部门转变为现代产业的历史演变中，通过不断自我积累、自我调节、自主发展所形成的市场农业基本运行机制，是引导分散的农户小生产转变为社会大生产的组织形式。与传统的农业经营方式相比，农业产业化具有以下特征。

1. 生产专业化

实施农业产业化经营，就要围绕主导产品或支柱产业进行专业化生产，把农业生产的产前、产中、产后作为一个系统来运行，形成种养加产供销一体化的专业化生产体系，实现农产品的生产和各个生产环节的专业化，使每种农产品都体现为初级产品、中间产品、最终产品的制作过程，并以品牌商品的形式进入市场。这是农业产业化经营的基本特征。

2. 布局区域化

按照区域比较优势原则，突破行政区划界限，确立主导产业，形成有特色的专业化区域，高标准地建设农产品生产基地，使分散的农户形成区域生产规模化，充分发挥区域内资源比较优势，实现资源要素的优化配置。布局区域化促进了地域产业结构优势的发挥，实现了广泛地域上的产品优势和市场优势，形成产业带、产业圈，不但提高了农业产业的经济效益，而且推动了工业化、城镇化、现代化的发展。

3. 经营一体化

农业产业化围绕某一主导产品或主导产业，将各生产经营环节连接成完整的产业链条，实行农工商一体化、产供销一条龙的综合经营。它通过多种形式的联合与合作，将农产品的生产、加工、运输、销售等相互衔接，形成市场牵龙头、龙头带基地、基地联结农户的一体化经营体制，实现了农业产业链各环节之间的良性循环，避免了市场交易的不确定性，降低了交易成本，使外部经营内部化，提高了农业组织的经营效益。

4. 服务社会化

服务社会化是指通过一体化组织和各种中介组织，对一体化内各参与主体提供产前、产中、产后的技术、资金、信息、农资、销售、经营管理、人才培训等全程的全方位服务，实现资源共享、优势互补、联动发展，促进农业向专业化、商品化、现代化发展。

5. 管理企业化

通过公司+合作社+农户的联结，采用合同契约制度、参股分红制度等利益联结机制，把各个参与主体构成一体化经济利益共同体，参照管理工业企业的办法经营和管理农业，建立统一核算和风险共担的收入分配机制，实行企业化运营，促进科技成果的扩散和采用，引导农户分散的生产及产品逐步走向规范化和标准化，解决分散生产与集中销售、小生产与大市场的矛盾，实现农业生产的规模化、区域化、专业化，从根本上促进传统农业向设施农业、工厂化农业的转变。

二、农业产业化经营的组织形式

（一）龙头企业带动型（公司+基地+农户）

龙头企业带动型是产业化经营最基本的组织形式。它以农产品加工、运销企业为龙头，重点围绕一种或几种农产品的生产、加工和销售，与生产基地和农户通过契约关系建立起相对稳定的经济联系，进行一体化经营，形成风险共担、利益共享的专业化、商品化、规范化的经济共同体。通过龙头企业联基地，基地联农户，强化农业资源开发，积极发展农副产品加工，统一销售农产品，实现专业协作。

联结方式包括合同订购、保护价收购、建立服务体系、利润返还、提供风险保障、反租倒包、互相参股等。

实际运作中，又有两种具体的做法：一种是龙头企业直接与基地农户联结，农户为龙头企业提供原料性农产品；另一种是生产基地中的农户通过组建专业合作社作为中介，联结龙头企业和农户，合作社组织社员进行生产，并集中农产品交售给龙头企业。

（二）市场带动型（专业市场+农户）

该形式以通过培育和发挥专业市场的枢纽作用，以农产品专业市场和交易中心为依托，不断拓宽商品流通渠道，上联专业生产基地和农户，下结消费者和客户，为当地及周边地区农产品区域专业化生产提供信息，带动区域专业化生产，形成区域专业化优势，带动生产、加工、销售产业链的发展和完善，节省各个市场主体的交易成本，提高整个产业链条的运营效率和经济效益。这种组织形式主要适用于不必进行深加工、只进行初级分类整理即可出售的新鲜蔬菜、瓜果等农产品，联结方式通过签订农副产品购销合同予以实现。

（三）合作经济组织带动型

该组织形式通过发挥合作社或农业协会等合作经济组织的作用，为农民提供产前、产中、产后等多种服务，对外统一经营，对内无偿或低偿服务，以解决农民分散生产与大市场之间的矛盾。农民通过专业组织集体进入市场，形成规模生产，农户按照合作组织的要求专于农产品生产，提高了农户规模效益，保障了农户最大限度地得到整个产业链的利益。

（四）中介组织带动型（农产联+组织+农户）

该组织形式在农民自愿的基础上，以各类中介组织为依托，以产前、产中、产后诸环节的服务为纽带，实行跨区域联合经营和生产要素大跨度优化组合，形成市场竞争力强，生产、加工、销售一体化的企业集团。中介组织带动型组织是有利于信息沟通，有利于协调各种关系，有利于合作开发。其联结方式表现为政府推动下的松散性组织。

该类型的特点是民办民营、跨区联合、服务连接、互惠发展。

（五）主导产业带动型（主导产业+农户）

主导产业能够对其他产业和整个经济发展产生较强动的推动作用。该类型根据市场需求，充分利用当地资源，通过发展优势或特色农产品生产经营，形成区域性主导产业和拳头产品，发挥集聚效应，扩大经营规模，提高生产档次，组织产业群、产业链，围绕主导产业发展产加销一体化经营，带动当地经济的发展。

该类型的特点是主导产业上联市场，下结农户，将农产品的生产者、加工者、供销者紧密结合为一个"风险共担、利益共享"的共同体。

三、农业产业化经营的基本要素

（一）龙头企业

龙头企业依托主导产业和生产基地建立的资金雄厚、规模较大、辐射带动作用较强的农产品生产、加工、流通企业。龙头企业一般建设起点高、技术水平和经营管理水平高、产品质量科技含量高、附加价值高；经济、生态、社会效益高；设备工艺技术产品新。

（二）主导产业

指一个地区、一定时期内产业体系中技术较先进、生产规模大、商品率高、经济效益显著、在产业结构中占有较大比重，对其他产业发展有较强带动作用的产业。

（三） 生产基地

专业化、商品化的生产基地是龙头企业的依托，是农户与企业联结的纽带。在农户分散、专业化水平较低时发挥基础作用。

（四） 利益分配机制

指龙头企业和农户之间的利益分配关系，基本原则是风险共担、利益共享，基本类型有资源整合型、利润返还型、价格保护型、市场交易型。资源整合型主要表现为相关农业企业集团以各种形式与农户结成利益共同体，带动农户进入市场，使农产品生产、加工、销售有机结合，相互促进。农户以土地、劳力、资金、设备和技术等要素参股，拥有股份，参与经营管理。企业和农户通过契约约定交易数量、质量、价格、分红模式。利润返还型是农业企业和农户签订合同，确定所提供农产品数量、质量、价格，约定返还标准，按照所提供农产品数量返还一部分利润，该类型能充分调动农户积极性，农户可以分享农产品加工、流通环节的利润。价格保护型是指企业与农户通过签订购销合同，对农产品采取保护价收购，建立双方稳定的联系，当市场价格低于保护价时，企业按照合同保护价收购。该方式解决了农户销售的后顾之忧，保护了农户生产积极性，保证了企业原料供应的稳定性，双方利益都得到了很好的保障。市场交易型是指企业与农户不签订合同，农产品按照市场价格进行收购，自由买卖。该类型双方没有任何经济联系和经济约束，农户比较容易缺乏积极性。

第三章　农产品的供给与需求

第一节　农产品供给

一、农产品供给函数

（一）农产品供给的内涵

农产品供给（Supply）是指在某一特定的时期内，生产者（农户）在某个价格水平上有能力和意愿出售的特定农产品的数量。供给是出售愿望和出售能力的统一，因此，生产者具有出售意愿和出售能力是构成某种农产品有效供给的两个必备条件。供给有个人供给和市场供给之分，个人供给是指单个生产者的供给数量，市场供给也称总供给，表示在既定的市场价格下，所有愿意提供农产品的生产者提供的农产品数量之和。其他条件保持不变，随着该农产品价格的升高，生产者对该产品的供给量增加；反之，如果该农产品价格下降，生产者的供给会随之减少，这一规律被称为供给原理（the Law of Supply）。

（二）农产品供给曲线

1. 农产品供给曲线的内涵

农产品供给曲线（Supply Curve）是描述价格和农产品供给量之间关系的图形。如图3-1 所示，农产品供给曲线是一条向右上方倾斜的曲线。供给曲线上的每一点都反映了价格和供给量的对应关系。例如，A 点表示，当农产品价格为 P 时，供给量为 Q。供给曲线显示价格和供给量具有正相关关系，即农产品价格上升，供给量增加，此时价格和供给量的组合移到 B 点；价格下降，供给量减少，此时价格和供给量的组合移到 C 点。我们把这种在同一条供给曲线上的变动称为供给量的变动。

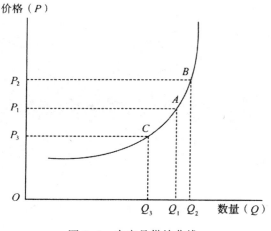

图 3-1 农产品供给曲线

2. 农产品供给曲线的移动

农产品供给曲线在假设其他条件不变的情况下，描述农产品的供给量如何随着价格的变动而变动，表现的是供给曲线上点的移动，如图 3-1 中 B 点到 A 点和 C 点的移动。但是，有时某些因素会改变一种农产品既定价格水平下的供给量，这时供给曲线就会发生移动（Shifts in Supply）。例如，风调雨顺之年及新技术的采用可能会导致农产品供给增加。图 3-2 说明了供给曲线的移动。任何使既定价格水平下的供给量增加的变动都会使供给曲线向右移动，我们称这种移动为供给增加，如供给曲线 S_1 到 S_2 的移动。相反，使既定价格水平下的供给量减少的任何变动都会使供给曲线向左移动，这种移动称为供给减少，如供给曲线 S_1 到 S_3 的移动。这种供给曲线的移动，就称为供给的变动。

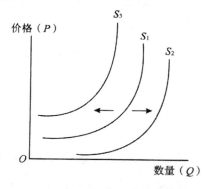

图 3-2 农产品供给曲线的移动

（三）农产品供给函数

假定在图 3-1 与图 3-2 中引起曲线变化的自变量为影响农产品供给的因素，因变量为农产品供给量，那么把表示影响因素与供给量之间关系的函数关系称为供给函数。用 Q_s 表示农产品的供给量，则可以由下式表示农产品供给函数：

$$Q_s = f(P, T, P_r, S, E, O)$$

式中，f 为函数关系符号；P 为农产品自身的价格；T 为技术进步；P_r 为相关农产品的价格；S 为农产品储备；E 为政策因素；O 为其他影响因素。

需要注意的是，以上供给函数的表达式并不是严格的数量关系，而只是显示农产品供给和影响因素之间的变化趋势关系。在进行经济分析时，我们通常会在研究影响因素和农产品供给量之间的数量关系时为了简化模型而假定其他因素条件稳定不变。

二、农产品供给的影响因素

(一) 农产品自身的价格 （P）

根据供给原理，农产品的价格升高，导致供给量增加；反之，价格下降，会引发供给量的减少。但是由于耕地面积的限制，在短期内当价格升高时，农产品的供给量不会无限制地增加。不同的农产品随着自身价格的变化，供给量的变化趋势也不一样。例如，当粮食价格下降时，农民可以选择把粮食储存起来，等到其价格上涨时再出售，导致当期粮食的供给量明显减少。但对于蔬菜等易腐烂、不易储存的农产品来说，即使价格下降，农户也不得不低价出售，因此供给量在短期内不会发生很大的变化。

(二) 技术进步 （T）

农产品的供给受土地约束最为严重，在土地面积保持不变的情况下，单产的提高就主要依靠技术进步来实现。任何有利于降低单位农产品的成本、增加单产的技术都会增加供给。

(三) 替代商品与互补商品的价格 （P_r）

除了农产品自身价格以外，其他相关商品的价格也会影响该农产品的供给量。在这里我们考察两种商品。一种是互补商品（Complements），即通常同时消费才能满足消费者的某种需求的两种商品，如面包圈和奶酪。根据供给原理，当面包圈的价格上涨后，生产者会增加对面包圈的供给，从而奶酪的供给也会增加，因为它们被同时消费。因此，如果两种农产品是互补商品，一种产品的价格和另一种商品的供给量呈正相关关系。

另外一种是替代商品（Substitutes），通常它们能够满足消费者相似的需求，所以我们不需要同时消费，而是选择其中的一种，如牛肉和猪肉。根据供给原理，如果牛肉价格上涨，农户就会多养殖肉牛而减少对猪的养殖，从而导致猪肉的供给量减少。因此，当两种农产品是替代商品时，一种产品的价格和另一种商品的供给量之间具有负相关关系。

（四） 农产品储备（S）

农产品储备是流通的蓄水池，起着调节市场供求的作用。在农业生产歉收、供不应求时，库存量可以弥补市场供给不足。对于容易储存的农产品，在市场供大于求、价格低落时，可以暂予储存，减少市场供给量，等价格上涨时再出售。例如，粮食储备对于一个国家乃至全世界粮食市场的调节具有重要意义。国际上习惯把粮食储备的年终库存量占当年消费量的比重称为粮食安全系数，并把其作为衡量当年世界粮食安全的标准，一般以17%~18%作为最低的粮食安全水平。当粮食安全系数低于17%时，世界粮食市场价格可能会迅速上升；当粮食安全系数高于20%时，粮食价格可能会大幅度下降。

（五） 政策因素（E）

农产品供给受政策影响也非常明显。当政府在农产品的生产上施加重税时，农产品供给一般会降低。当政府限定农产品出口，比如施加出口重税时，国内农产品供给就会增加。一些政策的实施会减轻农民的负担，提高了农民生产农产品的积极性，也会导致农产品供给增加。

（六） 其他因素（O）

除以上几大因素外，农产品还受到诸如自然灾害、气候变化等外生因素的影响。在其他条件不变的情况下，风调雨顺，没有自然灾害，农产品的供给就会增加。而蝗虫灾害在中国自古以来就频繁发生，并且从受灾范围、受灾程度来看称得上世界之最。

三、农产品供给弹性

（一） 供给价格弹性

农产品供给曲线体现了农产品的价格和供给量具有正相关关系，那么供给量对于价格变动的敏感程度如何呢？也就是说，当农产品自身价格上涨（或下降）1%，供给量会降低（或增加）多少比例呢？这时我们需要引入供给价格弹性（Price Elasticity of Supply）这个概念。供给价格弹性是指供给量变动的百分比与价格变动的百分比的比值，计算方法可由下式表示。由于大部分农产品供给量的变化和自身价格的变化呈正相关关系，所以供给价格弹性是一个正值。

$$E_{sp} = \frac{\Delta Q/Q}{\Delta P/P} = \frac{(Q_1 - Q)/Q}{(P_1 - P)/P}$$

式中，E_{sp}为供给价格弹性；$\triangle P$ 和 $\triangle Q$ 为价格的变化和供给量的变化；P 和 Q 分别为价格的初始值和供给量的初始值；P_1 和 Q_1 分别为变化后的价格和供给量。

当 $E_{sp}=0$ 时，供给对价格完全无弹性（Perfectly Inelastic），即当价格发生变化时，供给量不发生变化。农产品中，供给完全无弹性的商品几乎不存在。倘若我们相信世上存在一支独一无二的千年人参，那么这支千年人参的供给可以看作无弹性的，其供给曲线垂直于产量（Q）轴。

当 $0<E_{sp}<1$ 时，供给对价格缺乏弹性（Inelastic），即供给量变化的比例小于价格变化的比例。从短期看，大部分农产品的供给对价格而言是缺乏弹性的，因为农产品具有一定的生长周期且不易储存。所以当价格发生变化时，农产品的供给量很难在短期内得到调整。

当 $E_{sp}=1$ 时，供给对价格具有单位弹性（Unit Elastic），即供给量变化的比例等于价格变化的比例。

当 $E_{sp}>1$ 时，供给对价格富有弹性（Elastic），即供给量变化的比例大于价格变化的比例。

当 E_{sp} 无限大时，供给对价格具有完全弹性（Perfectly Elastic）。

（二）供给弹性的影响因素

农产品供给对价格的敏感程度受许多因素的影响，主要包括考察期限的长短、农产品的耐储存性以及农产品的成本构成。当然很多时候，农产品的供给价格弹性是受这些因素的综合作用影响的。

1. 考察期限的长短

考察农产品对价格的敏感程度可以从短期、中期和长期来判断。短期内，由于农产品生产具有周期性且不易储存，因此农产品的供给价格弹性很小。比如，一旦小麦播种后，农户就只能等小麦成熟后再向市场供应小麦；在小麦生长期间，农户对市场上小麦价格的变动几乎无能为力。从中期来看，我们发现农产品表现出较高的供给价格弹性。如果去年小麦的价格不断攀升，那么今年农户会选择大量增加小麦的种植面积，以期获得较高的收入。长期内，我们可以看到农产品供应表现出波动性。

2. 农产品的耐储存性

如果农产品不易储存或者储存费用很高，当价格较低时，农户无法或者不愿意储存部分农产品。所以当价格降低时，农产品的供给量不会减少；当价格升高时，因为没有存货，所以无法增加供给。对于较耐储存的农产品来说，农产品的供给可以根据价格的变化通过存货进行调整。因此，通常来说，耐储存的农产品的供给价格弹性较高，不耐储存的农产品的供给价格弹性较低。

3. 农产品的成本构成

对于我国以一家一户小规模为特征的农业生产来说，农产品的生产成本主要是固定资产折旧费和低值易耗品的费用。农机具、役畜、生产建筑物等都属于固定资产。种子、化肥、农药等属于低值易耗品。固定资产投入较高的农产品价格供给弹性较小，因为扩大生产需要更多的资金和时间，而且转产能力较弱。以反季节蔬菜的供给为例，增加供给需要大量的资金来修建新的温室，而且温室的修建也需要一定的时间，因此反季节蔬菜的供给价格弹性较小。

第二节 农产品需求

一、我国农产品需求侧结构性升级趋势的特征表现

（一）农产品需求从单一型转向多元型

消费者收入上升会在一定程度上带来产品选择范围的扩大。随着消费者越来越多样、成熟和挑剔，普遍性、单一化的市场需求时代逐渐消失殆尽。不同消费者有不同的消费偏好和价值观念，就个体而言也存在显著差异，不同性别、区域、年龄段居民的消费特征差异明显。在我国男性人口比重高于女性，传统消费观念受到严重冲击、人口老龄化和城镇化进程不断推进背景下，地理位置、消费模式、性别差异、市场结构和年龄层次对消费者群体进行划分，消费者市场不断分化，形成了特色鲜明、种类多元的消费需求。

消费者食品安全意识越强、对有机产品的认识越深入，对安全认证食品支付意愿越高。年龄结构对我国食物消费总量和结构产生程度显著、正负不同的影响。根据年龄不同，60后、70后消费理念传统、保守、理性，其人生后期消费需求、消费行为和人生前期有较大差异。老年人的农产品需求要求购买方便、便于使用、包装服务简单到位，对农产品本身的健康、养生和功效要求更多。80后、90后以及00后消费观念大胆、新潮、感性，更加偏爱新型、个性化消费模式；就食品消费而言，值得信赖的饮食品牌和优质高档的消费环境是年轻人的首要选择对象，他们更加重视优质的服务和在消费中获得的体验感。收入水平、消费习惯和消费观念不同，城乡居民消费需求有所不同。城镇化水平越高，越能推进城乡居民尤其是农村居民消费结构优化升级。近年来，女性盲从减肥潮流的现象渐趋泛化，并且主要以青年女性为主。与男性消费者相比，女性食品消费总量更少，更加偏爱低糖、低脂、低卡路里类食品，对绿色农产品有更大程度的认知、购买和溢价意愿，低脂、低卡路里、绿色农产品消费量超过男性。在信息技术和互联网向商业领域的渗

透过程中，一系列新型饮食消费模式，如网络点餐、水果外卖、农产品网络零售、"互联网+订餐"甚至定制食品等一系列新兴消费方式应运而生、蓬勃发展。这种消费方式极大满足了消费者的快速、便利和服务型需求，线上线下不同消费方式丰富了消费者的饮食生活、满足了消费者形式各异的需求。

在需求结构性升级驱动背景下，我国城乡居民农产品消费品种扩大，由口粮消费为主的传统模式转向口粮、杂粮、肉禽、蔬菜、瓜果、蛋奶、水产品的综合消费模式。膳食营养趋向丰富，由糖类为主转向糖类、蛋白质、脂肪和维生素等综合摄入。营养种类和来源丰富，农产品消费品牌也逐渐多元化。我国居民消费需求由单一转向多元，消费者偏好分化明显。

（二）消费者偏好从产品的物质性转向服务性和功能性

商品包装功能众多，是商品的特殊形式服务，并具有保护商品和人体安全免受物理或机械性挤压和磨损、防止产品性质改变和异物侵入作用。不同规格、尺寸、繁简和形状的包装用于生产领域库存、流通环节运输和销售环节陈列，适当的分拣、清洗和包装服务将方便消费者选择和使用。包装是商品的重要组成部分，好的产品包装可以宣传企业品牌和企业产品，让消费者获得除产品功能外的附加价值，得到艺术感的审美享受和设计感的文化享受。选用颜色材料合理、规格形态多样、图案设计精致的包装更容易受到消费者青睐。我国居民消费需求结构升级，消费者对农产品包装的要求也有所提高。

随着我国产业的升级和社会的发展，农产品的健康功能、娱乐功能和社会功能逐渐被挖掘。不同成分的不同农产品有不同的营养或养生功效，消费者需要优质稳定的粮、肉、蛋、奶、水产、蔬菜、瓜果及其加工制品的供给和创新，这是农产品对消费者的健康功能。就城镇居民而言，花卉养殖、乡村旅游还具有提供消费者审美和娱乐功能，就农村居民而言，农产品还具有创造农村就业机会、优化农村居民生态生活和提供农民养老的社会功能。

我国消费者对农产品需求从粗加工、简包装和产品化农产品转向精深加工、优质包装和功能多样的农产品，消费者偏好从对产品的物质性追求转向功能性和服务性追求。

（三）对农产品的需求从传统型需求转向体验型需求

消费者需求从物质性向服务性和功能性转型的同时，日益追求从一元化的产品及其附加价值获得的效用转向二元化的产品与其附加价值的消费中获得的体验感，农产品消费中得到的文化体验、休闲体验、社交体验、服务体验成为新的消费热点。

当前，农业新领域的新内涵、新模式和新价值不断被挖掘，比起"吃"的物质满足，休闲零食、坚果炒货、冲调茶饮等农产品给消费者带来的更多的是一种休闲体验。果蔬采摘、垂钓捕鱼、农活体验、传统手工制作、篝火烧烤、养生居住是深受消费者喜爱的休闲项目，消费者更加注重在农业活动中身体力行的参与感和农业多功能性带来的综合体验感，更多寻找在农业文化和绿水青山的生态观光中获得的休闲体验。

（四）城乡居民对农产品的隐性需求有待挖掘

偏好是通过我们购买的东西显示出来的，在消费者对自身隐性需求的认识不足、对创新产品认识不足等情况下，都会导致消费者偏好无法显现。在传统农产品市场上，消费者被动接受生产者提供的农产品，没有太多个性鲜明的消费需求。随着信息化时代的到来，消费者的自主意识明显增强，开始主动选择满足自身个性化、多元化和体验感的农产品及其相关服务。我国市场消费结构转向年轻化、理性化和健康型，对外观、安全、服务、包装和加工的需求必然衍生出消费者对农产品质量安全的可追溯需求、农产品技术研究需求、农产品精深加工需求、创新农产品需求和值得信赖的优质名牌产品需求。然而，我国新型、优质、发展型农产品供给不足，质量得不到保障、服务跟不上需求，消费者隐性需求无法得到释放和满足。

二、基于需求结构升级背景下的农产品供给侧改革建议

（一）完善农产品供给侧制度供给和农产品供给结构，增强保险金融对农业的支持力度

我国的农业保护政策虽然在一定程度上提高了农民种粮的积极性，却也导致大多数农产品的价格高于国际平均水平，这不仅浪费农业生产资源，还加重了国库财政压力和仓储压力。我国农业市场的政策效应凌驾于市场机制，价格无法真实、准确反映农产品和农产品要素市场的供需、产量和库存等信息。因此，我国的农业保护政策不应该剥夺市场在资源配置中的决定地位，要保障价格反映农产品供需信息的指导作用，实现农产品供给效率的提高。此外，农产品有效供给不仅在于有效提高供给数量，更应该进一步聚焦到提升农产品品质上来。要以消费者需求为导向，建立量化评价指标体系和监测预警体系、安全可追溯体系和问题农产品召回机制，对农产品供给体系的供给数量、供给结构、供给质量、供给能力和供给效率进行全面判断。要完善农产品供给侧制度供给，保障农产品供给安全，保障消费者合法合理权益，提高消费者信心，提高供给对农产品需求侧结构升级的适应性。

农业保险政策是规范农产品定价标准、保障生产资金流动，降低农产品供给领域自然风险和市场风险，提高农民生产积极性和信心的重要保障。我国目前的金融市场发展尚不完善，农业资金外流现象十分广泛，农业保险和农产品期货发展落后。然而，农业基础设

施和农业科研创新工作都需要资金支持，因此要增强农业保险制度和普惠金融对农业发展的支持力度和政策保障，保护农业经营主体的合理合法利益，支持农业创新和发展工作，引导农业产品品质提升、品种创新、服务健全和功能拓展。

（二）提高农产品供给体系对市场需求的适应性和灵活性，优化高端农产品营销策略

随着我国 GDP 水平增长、居民受教育水平不断上升、恩格尔系数持续下降和宏观政策对消费结构升级的引领作用，我国消费者的消费观念逐渐转变，消费需求的高端化和个性化趋势明显。为提高农产品供给体系对需求侧的契合度，就生产和营销理念而言，必须建立以消费者为中心的生产和营销理念，合理进行市场细分和市场定位，优化高端农产品营销策略，满足个性不同、需求各异的消费者需求。就现实路径而言，必须创新农产品供给体系，改进生产技术、建立高端农产品供给体系、健全相关基础设施服务，开发农业新的业态功能，培育具有地理标志的优质农产品品牌，引导、满足和挖掘消费者的农产品需求，提高农产品附加价值，提高我国农产品的市场整体竞争力和口碑效应，提高农产品供给体系对市场需求的适应性和灵活性。

（三）打造优质生鲜农产品冷链物流，畅通农产品流通体系

我国农产品供给侧结构性改革的重点是破解农业供给体系"质量和效率"双重低下的困境，前者是品质层面的冲突，即农业供给不满足消费者需求，后者是时间维度的矛盾，即供给调整滞后于需求变化。其中，流通体系的质量和效率提高对生鲜农产品供给体系尤为重要。

目前，我国生鲜农产品需求旺盛，而冷链物流发展滞后，大量生鲜易腐损农产品价格的 70%左右要用来补贴流通折损和存放腐损带来的巨额损失。发达的冷链物流是保证农产品质量安全、生鲜供给和成本下降，改善国民膳食营养、提高国民体质的重要保证。我国要从大力提升科技人员创新能力，培养新型农业综合人才，加强跨领域合作发力，提高冷链物流的技术水平和流通效率，实现我国农产品供需体系的基本平衡，农产品供给侧结构性改革亟待推行。

三、基于消费者体验需求的农产品新零售经营策略

（一）新零售营销模式发展

随着信息网络技术的不断发展，网络营销以互联网为背景为居民生活提供更大的便

利，推动市场经济发展。网络营销概念的提出颠覆了传统经营模式体系，传统经营模式通常通过门店进行销售，但传统经营模式具有灵活性差、成本过高、购买空间受限制等特点，网络模式打破了传统营销的界限，为商品销售带来新的发展机遇。但随着网络营销的发展，现如今的网络营销已经到了瓶颈处的发展阶段，新零售营销模式的提出为市场经济带来新的发展方向，将为网络营销与零售业迎来更多的机遇挑战。

1. 新零售营销模式概念

新零售营销的主要经营模式核心是推动线上线下营销一体发展，如何将线上营销与线下实体店有效经营才可以完成商业维度的优化升级，促进消费者对于产品的消费，完成经营的全面转型。新零售营销的主要经营模式核心是推动线上线下营销一体发展，如何将线上营销与线下实体店有效经营才可以完成商业维度的优化升级，促进消费者对于产品的消费，完成经营的全面转型。

2. 新零售应用于农产品经营销售

在新零售营销模式发展背景下，将该经营模式运用到农产品日常销售中可以通过电子智能化信息数据进行整合，实现智能化售卖。在对农产品进行销售过程中要确保农产品生产企业做好线上线下销售的综合服务，利用线下场景的实体体验带给消费者对于产品的信心，从而提高农产品企业经济效益，未来的企业农产品销售会有更广阔的发展空间。

（二）新零售经营策略下的农产品体验营销

农产品体验营销主要是通过对消费者感官情感的刺激来加强对农产品的购买率，加强企业与消费者之间的关系，将现如今的卖方市场逐渐转变为买方市场，由农产品提供者共同建立起完善的信息循环系统，通过消费者对农产品的需求增高增加农产品市场化发展。建立完善的数据统计系统，对消费者消费购买心理，做数据统计，做出有针对性的营销策略活动，改变市场销售环境。若想建立体验营销的经营模式首先明确消费者购买需求，具有充分的产品供应量，先进的生产技术与较强的资金实力。在竞争激烈的市场中增强自身核心竞争力占据市场，将管理经营模式不断提高，运用科学化管理体制做好营销活动。

消费者在进行产品选择时，大多数是趋向于情感性购买，随着消费者人均收入的提高与购买力的提升，理性化的购买需求已经被情感化购买所替代。消费者在购买商品进行品牌选择时大多会选择印象较深的品牌，更加注重于品牌的影响力。在消费者的产品购买概念中品牌影响力一定程度上可以决定商品的质量，过于感性的购买需求，在此方面做出体现。但随着市场商品的安全事件不断曝出，企业在进行产品营销时单纯靠品牌影响力已无法完全取得消费者信任，加强对食品安全管理，新零售模式下的体验式营销已经成为未来企业发展的营销选择。

与市场其他零售业相比较农产品的经营销售更加注重对消费者的感官体验，通过加强对农产品外部包装与口感提升的技术方式来加强农产品在销售时的竞争力。新鲜农产品在售卖时很容易发生腐蚀与损坏，农产品的损坏是农产品企业在经营销售中最大的成本损失。通过加强对农产品品牌建设对农产品进行深加工来增长农产品储存时间。

（三）新零售销售模式下实体店体验营销策略

1. 线上线下多渠道融合发展

农产品通过线下销售渠道过于单一，所以销售受时间与空间限制，同时也增加了农产品的成本。但在结合线上少营销模式，要科学化营销模式规划，通过线上销售不单纯是为了减少农产品开店成本，更注重的要建立品牌效益，提高农产品产品质量。线上销售渠道主要是为打破线下营销的时间空间限制，农产品通过线下销售渠道过于单一，所以销售受时间与空间限制，同时也增加了农产品的成本。但在结合线上少营销模式，要科学化营销模式规划，通过线上销售不单纯是为了减少农产品开店成本，更注重的要建立品牌效益，提高农产品产品质量。

新零售营销概念的提出，打破了线上线下信息不对等的弊端，二者之间相互结合，形成完整的营销结构，做数字化营销改革发展，以互联网发展为背景，将收集到的客户信息做具体数据分析，建立健全数据平台，实行精准化营销服务。通过互联网支付、无人收银等科学化支付平台，降低实体店经营成本，加强实体店的工作效率。

2. 加强对消费者的体验服务

农产品的主要销售市场为 80 后、90 后、00 后，该类人群更需要对实体的体验服务。现如今传统的实体店零售缺乏实际体验销售经验，无法满足体验销售需求。将线上线下结合做无缝连接，通过对大数据的管理来为客户提供有针对性的服务，加强线下销售与消费者之间的体验交流，精准营销增加实体店销售额。在体验式服务下，让消费者体验感受农产品的质量，对农产品有安全性的信心。通过建立企业文化与提高员工的服务质量来增强企业在农产品市场中的竞争优势，实体店经营也将在电子商务背景下的市场占据主动性，促进企业经济发展。

3. 提高企业商品销售服务质量，满足客户需求

农产品传统实体店销售与网络营销经营模式都过于片面化，虽对比传统实体店销售网络营销具有价格优惠等多种优势，但是却忽略了消费者的体验需求。在电商凸起的市场经济价格已经无法成为吸引消费者的最关键性因素，线上线下营销方式的结合为实体店销售与网络销售带来发展方向，通过向客户提供优质的农产品以及全方位的服务。消费者在选择农产品时除了价格以外，最重要的是商品质量。农产品与其他商品零售有所不同，农产品生产成本低、利润点较小，因此企业若想提高自身的核心竞争能力通过降低销售价格，

不一定会吸引来更多的消费者，除却价格优势，自身的服务质量才是吸引消费者的关键因素。农产品企业在建立线下销售网点时，要加快商品配送速度，为客户提供更优质的服务，满足客户的需求，从而提高企业自身竞争力。

4. 构建利益共同体，共享经济发展

电子商务在互联网背景下发展，互联网像蜘蛛网一样覆盖了各行各业，为建立共享经济提供发展平台。在建立共享平台时将产业链中上下游的合作方通过数据进行连接，将闲置资源充分利用结合消费者日常生活的实际需求，降低商品库存、加快商品流通、快速服务客户。农产品作为易腐烂、难保存特殊商品，农产品企业若想构建完整产业链条，更需要做好上下链条的有效结合。快速响应客户服务需求，加强客户商品体验感。

第三节　农产品供求平衡

一、准确理解农产品供求"紧平衡"的含义

紧平衡是与松平衡相对应的概念。所谓供求紧平衡，简单地说，即供求基本平衡，但供给满足需求较为紧张的一种状态。换句话说，供求紧平衡是供给略小于需求，但在总体上又不会对满足社会有效需求形成实质性的妨碍，类似于"肚子吃个八分饱"。

（一）紧平衡是现有资源环境约束下我国农产品总体供求关系的理想状态和最大可能状态

从当前乃至中长期趋势看，随着人口增长、经济发展和城乡居民收入水平的提高，社会对农产品的需求总量持续增长，导致农业发展对资源环境的需求不断扩张；农产品需求结构多元化和农业多功能化的推进，也会形成对农业资源、环境的新需求。

与此同时，随着工业化、信息化、城镇化、农业现代化和绿色化的推进，一方面，工业化、信息化、城镇化、绿色化与农业现代化争夺资源的矛盾将会日趋激烈，对转变农业资源利用方式、提高农业资源利用品位的要求不断提高，导致农业发展对土地、资金、劳动力甚至人才等要素的可得性呈现比重下降趋势；另一方面，农业发展的资源、要素成本和机会成本迅速提高，导致农产品成本和农业发展的机会成本被迅速抬高。加之，近年来，耕地质量退化、环境污染加重、地下水漏斗加重等与农业相关的生态破坏问题日趋突出，加大了维护食品安全的困难和增强农业可持续发展能力的紧迫性，也抬高了农业发展的社会成本。诸如此类问题，都提高了增加农产品有效供给的难度和风险。

从农产品供求两方面综合权衡，在当前乃至中长期内，如果不注意加快农业发展方式

转变，我国农业发展面临的资源环境约束将呈趋紧态势；现有资源环境约束，决定了紧平衡很可能是我国农产品总体供求关系的理想状态和最大可能状态，难以保障我国农产品供求在总体上处于"松平衡"或供大于求状态。近年来，我国农产品净进口的大量增加和农产品国际贸易逆差的迅速扩大，对此提供了很好的注解。

（二）紧平衡也是我国主要农产品供求关系管理和市场调控的目标模式

农产品供求紧平衡，既不同于农产品供求松平衡，又不同于农产品供求不平衡。在农产品供求松平衡状态下，农产品供求基本平衡，但供给略大于需求。相对于农产品供求紧平衡状态，农产品供求松平衡容易导致农产品价格下跌，损害农民的生产经营积极性或流通环节的利益；也容易加大农业发展的资源环境需求，增加形成农业资源环境问题的可能性。

农产品供求不平衡包括农产品供大于求和供不应求两种状态。相对于农产品供求紧平衡，农产品供大于求带来的问题，与农产品供求松平衡在方向上是一致的，但程度更为严重；农产品供不应求往往推动农产品价格上涨，容易影响市民尤其是城市低收入者消费需求的满足。

在农产品供求紧平衡状态下，既可以规避农产品供求松平衡的问题，又可以避免农产品供求不平衡的问题，能较好兼顾农产品生产者、流通者和消费者的利益。因此，农产品供求紧平衡，应该是我国对粮食或主要农产品市场调控的目标模式和理想状态。

（三）农产品供求紧平衡实际上是一种脆弱的、暂时的、非常态的平衡

农产品供求紧平衡往往不是一种稳定的平衡，而是一种基础比较脆弱的平衡，是一种供求平衡关系容易受到动摇的平衡。粮食等特定农产品供求的紧平衡尤其如此。在供求紧平衡的起点上，如果供给增长赶不上需求增长的步伐；或者在需求稳定的同时，支撑供给达到一定水平的基础发生动摇，供求平衡关系就容易遭到破坏，形成由"紧平衡"向"不平衡"的转变。因此，在中长期内，农产品需求的变化及不同类型农产品之间需求替代效应的增强，对农业多功能需求的上升；在中短期内，市场或价格环境变化带来的农产品生产、流通成本和机会成本的上升，农业与城市、与非农产业的资源竞争带来农业资源、要素可得性的下降，以及局部地区的生态破坏问题，都可能成为农产品供求由紧平衡转向不平衡的推动因素。在市场经济条件下，农产品供求不平衡是经常的，平衡是暂时的。农产品供求紧平衡主要是通过市场对供求关系的自发调节，辅之以有效的政策引导和宏观调控，在动态波动中实现的。

在我国农产品供求关系管理和市场调控中，实现粮食或主要农产品供求紧平衡只能是目标模式和理想状态，不属常态或新常态。如果把紧平衡说成是我国粮食或主要农产品供

求关系的常态或新常态，不仅不符合我国粮食或主要农产品供求关系的实际，还容易引起误会，让人误以为当前或今后无论是在总体上还是在特定类型的主要农产品上，紧平衡总是轻易可以实现的，从而轻视实行农产品供求紧平衡调控的重要性和紧迫性，并增加农产品供求松平衡或不平衡的可能性。

二、实施农产品供求紧平衡调控必须努力提高决策科学化水平

（一）明确实现农产品供求紧平衡的方向和重点

我国农产品市场调控要把追求粮食或主要农产品供求紧平衡作为方向，引导农业资源集约、节约和可持续利用，统筹考虑农产品供给和消费，并从生产和流通的结合上、从引导农业全产业链的协调上，综合把握农产品供求平衡问题。由于农业可用资源的有限性，以及不同类型农产品在国计民生中相对重要性的差别，在社会对农产品消费需求总量扩张、结构分化的背景下，追求农产品供求紧平衡只能以粮食或主要农产品为重点，不能要求任何时期、任何种类的农产品都能实现供求紧平衡。比如绿豆、芝麻等对于国计民生重要性较弱的农产品，盲目追求其供求紧平衡既无必要，也容易得不偿失。

需要注意的是，追求粮食或主要农产品供求紧平衡，关键是要促进粮食或主要农产品供给与需求的紧平衡，不是生产与需求的紧平衡。如果只考虑生产和消费，不考虑流通，可能导致部分农产品产量因为流通受阻或库存积压难以有效转化为农产品供给，并因此形成农产品供不应求问题；甚至在农产品消费需求基本稳定或略有增长的前提下，有可能出现农产品产量迅速增长与农产品供不应求日趋严重并存的现象。因此，为高效顺畅地实现农产品供求紧平衡，加强农产品流通渠道建设，推进农产品流通方式创新，提高农产品物流甚至库存管理水平与效益至关重要。

（二）科学研判农产品供求格局，防止政策支持畸轻畸重

在社会对特定农产品需求较稳定的背景下，如果政策支持在特定农产品供给上用力不足，甚至变相歧视，导致资源分配过度偏离该类农产品生产流通，往往会将该类农产品供求关系由紧平衡推向供不应求的不平衡状态。如果政策支持对特定农产品供给用力过猛，导致资源分配过度向该类农产品生产流通倾斜，可能将该类农产品供求由紧平衡状态推向松平衡或供大于求。在农业可用资源总量一定的背景下，如果政策支持对农产品 A 支持过猛，间接导致对农产品 B 支持不足，可能导致农产品 A 供求松平衡或供大于求与农产品 B 供不应求并存发生。

近年来，我国粮食净进口不断增加，除因大豆产量严重满足不了国内需求外，主要是

由国内粮价高于国际粮价引起的。撇开这些因素，特别是如果将大豆排除在粮食统计之外，从国际可比的口径来看，我国谷物的国内产量和储备不仅可以完全满足国内消费，还有一定剩余。因此，当前我国的粮食特别是谷物供求不仅不是紧平衡，甚至也不是松平衡，而是严重的供大于求状态。当前，如果不是依赖大量进口，我国大豆将处于严重的供不应求状态。并且，大豆供求平衡高度依赖进口格局的形成，与近年由于比较利益等原因导致国内玉米和稻谷生产严重挤压大豆种植面积有关。

可见，农业政策的制定和农产品市场的调控，应该建立在对农产品供求格局科学研判的基础上；要努力克服片面追求粮食增产的倾向，摈弃盲目追求粮食供给宽松的思路，着力提高粮食生产、流通环节的资源配置效益，统筹考虑粮食和主要农产品的供求平衡问题。实现粮食或主要农产品供求紧平衡是个技术活，如同在悬崖边跳舞，稍有不慎可能铸成大错。它在很大程度上考验着政府的智慧和宏观调控的能力，需要我们谨慎作为，拿捏好分寸，丝毫大意不得。

（三）加强对消费需求、消费结构变化的引导和前瞻性研究

当前，随着城乡居民收入和消费水平的提高，随着农产品消费需求分化的提速，实现粮食或主要农产品供求紧平衡的难度在总体上明显加大。因此，必须加强对农产品市场需求和需求结构变化的前瞻性、细分性研究，为增强农产品市场调控政策的针对性和有效性，为促进农业发展由生产导向向消费导向的转变提供决策支撑。与此相关的是，完善权威高效的农产品供求信息收集和发布制度，加强农业或农产品市场监测预警体系建设，也是非常必要的。

同时，加强对农产品消费需求的引导，对于提高居民生活质量、统筹促进农业发展方式和城乡居民生活方式转变也有重要意义。如从当前来看，我国大陆居民人均食用油消费量已经位居亚洲国家（或地区）前列，引导居民适度减少食用油消费，不仅有利于城乡居民的身心健康，也有利于优化农业或农产品供给结构，减少农业资源浪费，增加农产品有效供给。应结合媒体宣传，引导城乡居民培养营养健康的消费习惯，减少高油、高脂、高糖等易致"三高"等慢性病的食物摄入，促进农产品消费结构合理化。长期以来，通过政策支持和宣传措施，引导居民消费和消费方式转变，一直是日、韩两国引导农业发展和农产品需求的重要措施。

（四）实现农产品供求紧平衡并不排斥利用国际市场的可能性

近年来，随着经济全球化的深入推进，我国构建开放型经济新体制的步伐明显提速。统筹利用国际、国内两种资源、两个市场，也是农业发展的大势所趋，对于缓解农业发展的资源环境约束具有重要意义。推进"一带一路""长江经济带"和京津冀协同发展还为

农业统筹利用两种资源、两个市场提供了新的思路。因此，追求农产品供求关系的紧平衡，应该摈弃闭关锁国的思路，放宽视野，统筹考虑国内资源环境条件和国际投资、贸易环境的变化，通过统筹利用两种资源、两个市场，优化农产品供求关系管理和风险管理，拓展实现供求紧平衡过程的增效空间和回旋余地；要根据不同类型农产品供求格局及其特点，实现有差别性的调控政策，增强农产品市场调控的精准性和针对性。如在较长时间内，对于稻谷、小麦和玉米的供求平衡，应坚持以我为主、立足国内、确保产能、适度进口、科技支撑的战略取向；但大豆等农产品的供求平衡，以国外为主恐怕是绕不开的问题。当然，对于需要大量依赖进口的农产品，适度把握好进口的规模、节奏和时机，并推进进口多元化战略，完善农产品国际贸易的风险防范和管控机制，也是重要的。此外，完善农业"走出去"支持机制，引导我国具有国际竞争力的农业企业集团在国际农业资源开发和农产品加工、储运、贸易等方面加强国际合作，增强我国对国际农产品市场和价格的影响力，对于完善农产品供求紧平衡调控也有重要意义。

第四节　粮食安全

一、粮食安全层次划分

粮食安全按照实现的主体可以分为生产者、消费者、交易者和机构部门四个层次；按照粮食安全实现的方式可分为供给能力、获得能力和调控能力三个层次；按照粮食安全实现的目标可分为数量安全、质量安全和营养安全三个层次。本节从粮食安全的实现范围，将粮食安全分成四个层次：国际粮食安全、国家粮食安全、家庭粮食安全和居民粮食安全，它们之间相辅相成，互为因果，在分析的同时也详细地阐述了本研究的立足点。

（一）国际粮食安全

所谓国际粮食安全是指某区域的多个国家（也可指世界若干国家）能够获得满足该区域全部居民生存与营养健康所需的粮食。目前鉴于粮食生产分布不均所致的全世界粮食供求偏紧现象已十分普遍，联合国粮食及农业组织数据显示，2021 年，全世界多达 8.28 亿人面临饥饿，饥饿人口主要分布在非洲、亚洲、拉丁美洲及加勒比地区。全球可耕用土地正在迅速缩减，能源紧缺、油价高位运行，能源与食品争粮都将进一步加剧全球粮食供求紧张，全球粮食库存处于 30 年最低水平，未来各国粮食安全的可持续性问题都将面临严峻考验。

从理论上说，粮食安全问题可以通过各国间贸易往来得以实现，耕地较少地区可通过贸易来满足该地区粮食供给安全。现实世界中，各国（尤其是耕地充足国家）在历史上的某一阶段总会选择贸易手段实现粮食安全，这样既可以降低本国粮食生产成本，保障本国粮食安全，又可以集中力量发展本国的工业，尤其是到农业化后期，鉴于粮食比较效益较低，经济作物取代粮食作物的现象比比皆是，加之雄厚的外汇储备与强大的运输协调军事能力，工业强国往往会选择贸易量来保障本国的粮食安全，如英国和新加坡等国即是如此。

但由于各种政治因素，粮食不单是一种商品，而更多旳是作为一种战略物资，深刻地影响国与国之间的关系。战略物资粮食按不同用途可分为战术性粮食、战备性粮食和战略性粮食三种，其中战术性粮食生产成本最高，往往是工业化初期国家的选择；而战略性粮食生产成本最低，成为工业化后期国家的首选；战备性粮食生产成本居于两者中间，是工业化中期国家的常备选择；贸易粮通常也是后工业化小国的选择，而后工业化大国较少选择其保障本国粮食安全。国际上已有多个组织正在致力于国际粮食安全，消除饥饿，消除营养不良，如国际粮农组织（FAO）、国际事务政策研究所（IFPRI）等。

（二）国家粮食安全

所谓国家粮食安全是指某个国家能够获得满足该国家全体居民生存与营养健康所需的粮食。

国家粮食安全受生产、消费、贸易和政策的方方面面影响。其中最主要的因素包括：国家人口基数和增长率影响国家粮食需求；人口城市化率会转移农村劳动力，会对种粮主体以及商品粮需求产生影响；居民生活结构改善促进粮食消费的多样化和优质化，势必增加粮食需求量；畜牧业及能源产业的发展，必然增加饲料用粮和工业用粮的需求；日益破坏的自然环境会加大粮食质量安全，频繁发生的自然灾害深刻影响着粮食供给，粮食种植成本上升，国际粮价对国内市场的冲击导致农民粮食种植收益不断降低，农民种粮积极性日益下降等；农业可持续发展需要生态资源环境持久稳定，这必然会带来粮食种植方式结构的调整。通常国家会通过不同的方式保障本国的粮食安全，根据国家发展水平、发展阶段和发展方向可分为战术性、战备性和战略性三种粮食安全。这里的战术性粮食安全是一种即期的粮食安全，即一年的生产只负责一年安全，其特点是成本高，易受自然灾害影响；战备性粮食安全值是通过储备来保障的粮食安全，其特点是非即期性；战略性粮食安全指的是以"丰收和歉收"为周期的动态均衡粮食安全，其特点是成本低，管理要求高。

（三）家庭粮食安全

所谓家庭粮食安全是指某个家庭能够获得满足全体家庭成员生存与营养健康所需的粮食。家庭粮食安全是粮食安全的基本目标，家庭作为社会的一个细胞，是国家粮食安全实现的基础条件，家庭粮食的获得能力是影响家庭粮食安全的重要因素。当出现以下情况时会抑制粮食安全的发展：一是社会就业率以及劳动生产率较低时，人力报酬相对较低，过低的家庭收入会直接抑制家庭的粮食购买力；二是贫富差距加大，导致社会资源分配不合理，一些低收入家庭丧失了获取粮食的能力；三是粮食市场发展不成熟，物流等设施严重制约了家庭获得粮食的能力。要想保证家庭能够获得粮食，国家必须保证粮食市场健康运行，提供家庭可购买能力范围内的合格粮食产品，降低粮食生产成本，使居民负担得起，买得到需要的粮食。此外，要不断提升居民的收入水平，居民的收入水平增长要快于物价增长水平，保证粮食生产不受极端天气的影响，市场粮食供应充足，保障粮食供给。综上我们可以发现，家庭粮食安全的坚实后盾是国家粮食安全，国家或地区粮食安全的实现是该国家或地区家庭粮食安全实现的充分条件，家庭可通过生产、购买和救济等方式获得粮食。

（四）居民粮食安全

所谓居民粮食安全是指居民个人能够获得满足自己生存与营养健康所需的粮食。充足的支付能力是保障居民粮食安全的首要条件，在当今社会人们越来越重视健康营养，对粮食的需求也由过去的数量安全，转变为质量安全和营养安全的满足。粮食是居民获得能量、蛋白质和脂肪的主要来源，尽管近些年来生活富裕了，但食物种类多样化导致粮食在营养素供给方面的贡献已下降至一个较低水平。粮食对居民的健康成长依然至关重要。提升居民健康消费粮食认知，正确理解营养以及粮食在营养供给中扮演的角色对居民意义深远。人类整个生命周期需要不断通过进食获取机体生长发育所需的营养物质，这些营养物质统称营养素，主要包括蛋白质、碳水化合物、脂类、矿物质和维生素等，这些营养素是机体维持正常机能和日常运转的根本，但不代表摄入的越多越好，营养过剩也会引起很多疾病。营养学会通过多年研究发现，一般健康成人每天所需能量约为 1800kcal 到 2200kcal，但根据年龄、性别、身高、体重、劳动强度等情况的不同，个体所需的营养物质差别很大，如运动量较少或年老的人较少的能量就可以维持其正常生活，而运动量大或用脑强度大的年轻人可能就需要较多的能量维持其正常生理水平，应根据个体情况适当减少或增加能量供给。

二、粮食安全目标定位

粮食安全目标可用数量安全、质量安全、营养安全、生态安全和产业安全五位一体来概括。这里的数量安全主要指一国或一地区拥有供给足够粮食的能力从而在数量上保障居民粮食需求水平。根据 IFPRI 报告可知，一系列备受瞩目的粮食恐慌已引发了各国对粮食安全的关注，对于政府而言，如何帮助各国提高抵御粮食安全和健康风险是一种考验，而世界上大多数饥饿人口居住在中等收入国家，这些国家若能够通过自己解决饥饿和营养不良，不仅能显著改善全球粮食和营养安全，而且能成为低收入国家的典范。然而粮食生产受天气变化的影响较大，不论遭遇旱灾还是涝灾，都会对粮食数量的保证产生冲击，连续增产的基础理论不可能持续很久，加之有些地区撂荒现象越来越严重，农村种地的农民年龄越来越大，且很多劳动力为女性。再过 10 年，谁来种粮将成为保障粮食数量安全的一大问题。所谓粮食质量安全是指一个国家或地区能够生产或提供的粮食在质量品质方面能够满足本国家或本地区对粮食需求的质量要求。造成粮食质量安全问题的原因主要有几个方面：其一是工业废弃物污染农田、大气和水源，导致有害物质集聚在粮食中；其二是粮食生产过程中使用了大量的农药化肥等导致有害物质聚集在粮食中；其三是粮食在流通、储存过程中发生了霉变等质的变化致使粮食质量受损；其四是粮食在加工过程中的一些化学物质使用不当导致粮食中聚集了大量有害物质。粮食质量安全危害人类健康，迫使人们对工业化进程反思，在保障数量安全的同时，粮食质量安全更加不容忽视。这里的粮食营养安全主要是指一个国家或地区能够生产或提供的粮食在营养供给方面能够满足本国或该地区居民或牲畜对粮食营养需求的要求。目前很多地区，冲突还在继续威胁着生产者和消费者的生活以及粮食和营养安全，建立能够抵御这类冲击的能力应成为首要的发展战略，通过改善卫生条件进而改善各国人民营养至关重要，对儿童尤其如此。所谓粮食产业安全是指一个国家或地区能够保障粮食生产、粮食加工、粮食仓储、粮食物流和粮食销售等一系列保障粮食供给的产业化需求的政策措施、技术人员及产业经费等。粮食产业化安全的提出是基于国内外最新形势判断基础上做出的决定，它是加快农村发展、保障农民增收、促进农业发展的战略性选择，是面对国际经济危机、国内经济下行的复杂环境下保障粮食安全的有力武器。所谓粮食生态安全是指一个国家或地区在保障粮食供给的同时，能够确保粮食生产相关的生态环境可持续健康发展，继而生产健康营养的粮食。我们要本着可持续发展的目标为己任，在保障粮食生产的同时确保健康的生态系统稳定和可持续，保证人类在生产、生活和健康等方面不受生态破坏与环境污染等影响，让生态系统维持它的组织结构和自治，以及保持对胁迫的恢复力。

　　粮食成本是反映粮食生产经济效益的重要指标，也是制定粮食价格的基础指标。科学核算和分析粮食生产的成本，对准确计算粮食生产效益，评估粮食价格变化对粮食生产和粮农收入的影响有着重要的理论和实践意义。本章在详细介绍了我国粮食成本内涵与构成的基础上，基于微观生产者的角度详细分析了稻谷、小麦、玉米以及三种粮食平均的物质服务费用（生产资料、直接费用和间接费用）、土地成本、人工成本变动规律，计算了粮食种植者的成本收益情况，为进一步探讨我国粮食安全问题给出参考。

三、粮食安全的战略分析

（一）粮食安全的现状解析

我国食物消费结构正加快升级，粮食需求将呈刚性增长，但资源约束越来越紧、环境压力越来越大、经济成本越来越高、市场风险越来越大，保障我国粮食的有效供给的任务更加艰巨，粮食安全面临如下问题。

1. 粮食生产格局改变增产动力不足

尽管我国粮食生产实现了多年增产，但事实上存在粮食优势产区并未在粮食供给中发挥显著作用，而粮食非优势产区以较大资源环境代价换取粮食增产的现象。不仅如此，各省份粮食生产格局已经发生了明显的改变，有些地区粮食生产地位不断加强，有些地区粮食生产地位不断减弱，还有些地区粮食生产地位保持相对平稳。从整体看，粮食生产格局正在从中心向边缘逐渐加强，中部和南部地区的粮食生产地位正在下降，而西部和东北部的粮食生产地位不断加强。而传统的主产省、主销省、产销平衡省的粮食生产区域划分已无法将各省份的粮食生产地位变化包含其中。分品种看，稻谷的生产格局正在从中部和南部向东北部和东部逐渐加强，传统的稻谷生产格局已发生改变；小麦的生产格局正在大范围下降，格局重点向安徽、河南、河北和山东逐渐加强，传统的小麦生产地位已发生改变；玉米的生产格局呈现出多省份稳中逐渐加强的趋势，传统的玉米生产地位得到了普遍加强，少数几个省份有所下降。

事实上，各省份粮食（稻谷、小麦和玉米）生产格局的变化取决于粮食播种面积和单产，各省份粮食（稻谷、小麦和玉米）生产发生的多种变化与粮食（稻谷、小麦和玉米）的播种面积呈现多样变化（稳定增加、相对不变、一定缩减和急剧缩减）密切相关，其单产无一例外都在增加，但增加的程度不同，可分为急剧提高、快速提高和缓慢提高。多年来我国粮食生产的比较优势主要靠各省区的规模优势，而不是效率优势（除甘肃在玉米生产方面的效率优势大于规模优势外）的现状并未改变，而多数具有比较优势的粮食生产省区在该种粮食全国生产占比方面并没有突出表现，特定省份依然无法在两种以上粮食品种生产方面表现出最具生产比较优势。

2. 基于营养标准粮食需求刚性增长

事实上，我国正处于食物结构快速升级阶段，主要表现有食物消费水平稳步提升，区域间食物消费不均衡，收入等级间食物消费差异明显，口粮消费趋于稳定，消费结构更加合理。与纲要规定相比，目前我国的食物消费量还有待进一步提高，具体来说，城镇居民除肉类外其余食物消费未达到目标值，而农村居民除粮食外其余食物消费未达到目标值，且与城镇居民相比差距更大。除此之外，我国居民的安全意识普遍提高，营养不良日益得到重视，但在营养安全方面我国与国际相比仍有差距。首先，关于营养的法律法规等政策体系不完善，具体包括干预人群定位不准确，缺乏多部门协同制定机制，制定时缺乏前瞻性，制定后修订频繁，政策目标过于宽泛，责任主体不明确；其次，政策措施执行方面的差距，具体包括人力、财力和物力投入不足，基层人员技术薄弱、良莠不齐导致执行力不行，干预项目通常缺少连续性，居民合作意愿不强烈，评估方法欠缺，不能科学评价干预项目的真实效果；再次，营养干预的差距，具体包括基础设施简陋，多数农村地区没有食堂设施，食品安全缺乏监管，营养餐与营养性缺乏科学搭配；最后，缺乏对农业、营养和健康之间衔接和统筹的考虑。

3. 种粮成本攀升比较效益不断下降

随着土地、劳动力等成本的不断提高，环境保护、质量安全等成本的显性化提升，粮食生产已全面进入成本快速上涨期。种粮成本不断攀升导致比较效益不断下降，预计未来5～10年，大米、小麦国内价格可能突破配额外进口关税"天花板"，届时关税配额的防火墙作用丧失，进口压力将明显加大，对国内口粮市场稳定和农民增收构成较大威胁。综合总成本、现金成本和机会成本的变化情况，我们可以发现水稻、小麦和玉米的总成本和现金成本不断攀升，净利润虽然出现了先上升后下降的现象，但价格始终高于总成本和现金成本。因此，水稻、小麦和玉米的种植者可以继续进行粮食生产，生产中所耗费的资源得到了补偿。但与机会成本相比，农民种植水稻、小麦和玉米的效益与外出务工效益相差甚远，且差距在逐年加大。目前成本利润率已降至了最低点边缘，而长期来看，我国水稻、小麦和玉米的总成本和现金增长势头依然强劲，与外出务工相比，水稻、小麦和玉米的种植产业可以维持温饱但发展动力和吸引力不足，净利润不及时提升将进一步威胁我国水稻、小麦和玉米种植的长久发展。

（二）粮食安全的战略对策

为确保我国粮食安全，必须坚持以转变粮食生产方式为主线，以产能建设为根本，以强化科技为支撑，以深化改革为动力，以惠农政策为保障，以宏观调控为手段，优布局、稳面积，强后劲、育主体，谋政策、创机制，重落实、严考核，努力汇聚各方力量，推动粮食生产可持续发展，确保国家粮食安全根基稳固。

1. 加强供给侧的改革提高粮农收入

借鉴国际经验，结合国内实际，加快构建帮助农民应对风险的"安全网"。建立小麦"一喷三防"、病虫害统防统治防灾减灾关键技术的常态化专项补贴机制，完善农业防灾避灾预案，推动救灾工作制度化，减少农民因灾损失。加大财政补贴力度，不断提高财政对主要粮食保险保费的补贴比例，逐渐减少或取消产量大县的县级保费补贴，逐步提高三大主粮保险的覆盖和保障水平。加快探索主产区稻谷、小麦目标价格保险试点，政府通过保费补贴予以引导和支持，保险公司以市场方式运作，农户按照事先预定的价格和产量投保，稳定农民种粮收入预期。创新农村抵押担保方式，培育交易市场和中介组织，设立抵押担保风险补偿基金，研究发挥好政策资金的杠杆作用。积极推进种粮大户、家庭农产等粮食生产规模经营主体销贷款试点，在财政资金支持下，农民以当年种植的粮食作物为抵押申请贷款，还贷与市场价格挂钩，稳定种粮收益。综上，应不断调整农业种植结构，稳定增加农民收入。

2. 严格水土等基本资源的要素保障

我国幅员辽阔，南北差异较大，生态多样，要综合考虑各地区资源的承载能力、生态类型、环境容量和发展基础的各因素，综合确定不同地区的粮食作物发展方向和重点。首先，提升优势主产区。应重点发展我国东北部平原地区、黄淮海地区、长江中下游平原等粮食优势产区、加强基础设施建设，稳步提升这些地区的粮食产能。其次，建立多样功能区。优先确定水土资源匹配较好、拥有集中连片的小麦、水稻田为我国粮食生产功能区，特别是应将我国非主产区的杭嘉湖平原、河套灌区、桂中平原、潮汕平原、关中平原、西南多熟区、河西走廊等区域重点发展成粮食生产功能区。再次，推进特色保护区。应将资源优势突出、区域特色明显、市场前景较好的农产品优先列入保护区，重点是发展东北粳稻和大豆、黄淮海强筋小麦和江苏里下河及沿海弱筋小麦等产品的保护区。最后，在继续坚守 18 亿亩耕地红线和 16 亿亩粮食播种面积底线基础上，加快推进永久基本农田划定工作。包括确保全国高标准粮田（主要用于发展粮食生产）维持在 10 亿亩以上，并结合相关建设项目竣工验收工作，将建成的高标准农田统一纳入监测管控范围，建立电子文档，确保建成一片保护一片；确定全国耕地土壤有机质含量及基准应分区，但最低不得小于 1%；保障农业灌溉用水应维持在 3700 亿立方米以上。同时，完善"米袋子"省长负责制的考核制度，将上述指标分解落实到各省。

3. 加快推进三大谷物优势产区建设

在三大谷物优势产区，强化分类指导，加快农业现代化建设。首先，夯实北方，既要考虑北方水资源短缺、生态压力大的现状，以稳定现有谷物播种面积为主，主力抓好农业节水与保墒，努力提高粮食生产技术装备水平，主攻单产，为农业生态系统恢复腾出更多空间。其次，稳定南方，即充分利用南方光、热、水资源优势，通过改善基础设施，强化科技支撑，加大体制机制创新，探索破解种粮比较效益差难题的有效途径，约束和引导南方确保粮食面积不减少、产能有提高。最后，优化西部，即在西部地区大力推行高效旱作节水、覆膜及双垄沟播等技术，大幅度提高谷物单产，特别是顺应养殖业西进趋向，稳妥发展玉米适宜种植面积，科学引导粮饲兼用型农业发展，强化饲料用粮保障。而粮食结构的调整须循序渐进，不可急于求成。首先粮食作物的生产应充分发挥各产区的优势地位，进一步深入发展粮食生产，同时降低粮食不具有优势的产区粮食生产地位。根据近年来我国粮食生产的新形势，应当调减东北地区、北方农牧交错地区、西北风沙干旱地区和西南石漠化地区等"镰刀湾"地区的玉米种植面积。水稻具有优势的产区产能并没有得到充分发挥，农民对单产的进一步提高热情不大，对于新品种、新技术的推广并不热衷，应加快提高这些地区稻谷种植的效益，增加稻谷种植的积极性，进一步提升我国稻谷的效率优势，同时要进一步发挥小麦生产的优势产区地位，在保证口粮作为规模优势的同时，加快提升小麦的效率优势。

4. 依靠农业科技创新突破瓶颈制约

力争在三大领域取得突破。一是新品种培育上有突破。统筹运用传统育种技术和现代生物技术，组织国家良种重大科研攻关，加快选育适应机械化生产、高产优质广适多抗的粮食作物新品种；全面深化种业科技体制改革，加快建立基础性公益性研究与商业化育种合理分工、密切配合的种业科技创新体系；加快国家级种子生产基地建设，落实粮食作物制种大县奖励，保障农业生产用种安全。二是谷物生产全程机械化上有新突破。加大农机具购置补贴力度，支持农机大户、家庭农场、合作组织购置粮食生产机械装备。探索开展粮食生产农机应用薄弱环节作业补贴，调动各类主体采用新技术、新机具的积极性。大力建设机耕道路，切实解决农机合作社机具库棚用地政策和建设投入不足等问题。同时，巩固提高保护性耕作技术应用效果，全面启动实施农机深松作业补贴政策。三是技术集成创新上有新突破。推进农科教、产学研的大联合、大协作，以区域化、标准化粮食生产高产高效示范区为平台，整合各地分散的、星罗棋布的成功技术模式，按照农机农艺结合、良种良法配套的要求，进行集成组装创新，结合不同的耕作制度，形成分作物和区域的范围更大、区域更广的标准化高产技术模式，形成粮食增长新的驱动力。

5. 发展资源节约型环境友好型农业

优化农业资源开发格局，形成与资源环境承载能力相适应的粮食生产体系。以节水为主要特征，大力推广节水农艺措施，建设旱作节水农业核心示范区。在地表水富集的三江平原水稻种植区，以合理利用地表水为主攻方向，发展引水灌溉，改井灌为渠灌，推广浅湿灌溉、间歇灌溉等节水栽培技术。在缺水严重的华北平原小麦种植区，发展测墒灌溉、"小白龙"输水、"小地龙"灌溉、短畦灌溉等节水灌溉方式，配套推广耐旱品种、机械深松、镇压保墒、保护性耕作等农艺节水技术。在西北及华北部分地区，大力发展膜下滴灌、喷灌等高效节水技术，推广玉米地膜覆盖等旱作节水技术。加强突出环境问题治理，加大地下水漏斗治理，推进农业生产过程节能减排，控制农田重金属污染和农业面源污染。开展农业生态修复，适度退减耕地，加强生态林保护与建设，推进草原修复，加快水土流失防治，并做好生态建设与粮食生产的衔接，确保粮食生产能力的可持续发展。

6. 完善市场调控机制农业补贴政策

在坚持家庭经营主体地位的基础上，积极培养新型的农业经营主体，构建"懂技术、有文化、会经营"的新型农民队伍，大力发展社会化服务，建成以家庭经营为本，以联合经营为纽带，以社会化服务为支撑的多层复合现代农业经营体系。国家支持粮食生产的新增补贴，重点向新型经营主题和新型职业农民倾斜。落实对新型经营主体配套辅助设施用地、贷款担保和农业保险等方面的支持，支持农民合作社承担实施国家有关涉农项目，形成的资产转交合作社持有和管护等。支持家庭农场发展粮食生产。加快认定培育粮食生产家庭农场，并有针对性地在配套综合农技服务、生产扶持和技能培训等方面给予更多的支持。支持农民合作社发展。支持从事粮食生产的合作社拓展粮食储藏加工、代储流通服务等业务领域；支持农机合作社提供粮食生产代种、代耕、代收服务；研究制定支持合作社发展的设施建设补贴政策。支持社会化服务发展。整合运用现有相关补贴资金，研究建立专门补贴措施与办法，鼓励各类社会化服务组织在供种育苗、生产资料供应、病虫害防治、农机作业、农产品储藏加工与营销等方面为小农户和新型经营主体提供服务。

7. 培育新型主体构建新型经营体系

探索健全粮食价格形成和粮食市场调控机制，在稳定提高稻谷和小麦最低收购价同时，逐渐完善我国玉米临时收储政策，继续发挥好价格支持政策的"定心丸"作用，探索目标价格试点，鼓励多元主体积极入市收购，防止出现"卖粮难"，同时防止过度进口冲击国内市场，努力确保稻谷、小麦最低收购价的政策空间。继续实行"四补贴"，积极探索种粮补贴机制创新，建立与粮食种植面积或商品量挂钩的补贴机制，提高补贴的精准性、指向性，让多生产粮食者多得补贴。不断加强我国粮食主产区的财政转移力度，加大对商品粮生产大省的奖励。

8. 全面普及膳食营养减少粮食浪费

尽快普及《中国食物与营养发展纲要》，倡导减量、营养、健康、绿色的新型消费方式，开展全民反浪费行动。在政策保障上，构建鼓励减量、营养、健康、绿色消费的制度体系、充分发挥消费税"调节消费结构"的功能，通过增税等手段抑制不良消费和浪费，采取减免税等措施鼓励低碳消费。粮食安全战略应将节约粮食、减少损失和浪费提高到与保障供给一样的战略高度，同时加强针对粮食（食物）浪费方面的系统研究。增加国家重大科技专项、国家自然科学基金、国家社会科学基金等有关粮食（食物）浪费及其资源环境效应方面的科研立项研究。

第四章　农产品市场

第一节　农产品市场概述

一、农产品市场的含义与分类

（一）农产品市场及其要素

农业商品经济发展的客观产物就是农产品市场，一般来说有狭义和广义的区分。进行农产品交换的场所就是狭义上的农产品市场。生产者出卖自己生产的农产品和消费者购买自己所需的农产品，要有供他们进行交换的场所，这种交换农产品的场所就形成了农产品市场。我国自古至今对市场有不同的称呼，如将定期市场称为"墟"，不定期市场称为"市"或"市井"，即所谓"墟有墟期"，"市无常日"；按照交易地点，"在城曰市，在乡曰坪"，靠江河码头的市场称为"埠"。此外，农产品市场还有"集""场"等各种称呼。随着商品经济的发展，我国农产品市场已遍布全国城乡。

农产品流通领域交换关系的总和称为广义上的农产品市场。除了各种具体的农产品市场，还包括了农产品交换中的各种经济关系总和，如商品农产品的交换原则与交换方式，人们在交换中的地位、作用和相互联系，农产品流通渠道与流通环节，农产品供给和需求的宏观调控等。经济学研究的市场是广义的抽象的市场，而不只是个别的、具体的交易场所。但广义的市场运动规律，要在具体的市场上体现出来。因此，研究广义市场必须从考察具体市场入手。

农产品市场构成要素组成有：

①市场主体，指构成市场供求力量的运营要素总和　包括买方和卖方，有的市场还有中介人的加入。市场主体之间的商品交换带动整个市场客体要素的合理流动，构成了市场运行的基础。市场主体的活动，一方面离不开运行场所——市场，另一方面又不断拓展市场，完善市场体系、市场机制和市场功能。

②市场客体，指在市场运行过程中，处于从属地位的客观的物的要素总和，包括商品、货币和流通中的各种基础设施。市场客体虽然受制于市场主体，但在一定程度上却又常常改变着市场主体的行为。

③调控管理，政府的经济职能是调节市场，组织市场，不是在市场中运行，而是在市场上运行，因此是调控主体，而不是市场主体。它通过一定的管理机构、市场法规，使市场有序地、正常地运转。除了政府进行宏观调控外，市场内部机制也将发挥作用，对市场进行自觉或自发的调节，这是市场的内在属性。

从不同的角度去划分农产品市场可以得出不同的分类。如：按产品种类，可分为种植业产品市场、林产品市场、畜产品市场、水产品市场等；按地域空间，可分为地方市场、区域市场、全国性市场和国际市场；按农产品流通的空间距离，可分为产地初级市场、中心集散市场和销地市场；按市场所处的位置可分为乡村市场、集镇市场和城市市场；按产品交易的交割方式，可分为现货市场和期货市场；按供求状况，可分为买方市场和卖方市场；等等。

（二）农产品批发市场

改革开放以来，我国已经基本形成了由批发市场和农贸市场占主导地位的农产品市场流通体系。农产品产地批发市场的功能是：顺畅产地农产品的流通；用产地市场指导农业结构的调整；运用市场力量提高农产品质量。销地市场或者说农产品销地批发市场是以大中城市为依托兴建的消费性市场，在"菜篮子"市长负责制的推动下得到迅速发展，其主要功能是解决城市居民的"菜篮子"供应，稳定关系居民生活的重要农产品价格。

（三）农产品零售市场

农产品零售市场又称为农产品消费市场，是通过零售方式直接为消费者提供农产品服务的最终交易场所（流通的最终环节），反映着农产品的生产者、加工者、经营者和消费者的多方面经济关系。农产品零售市场主要以露天市场、农贸市场和超市的形式存在。农产品集贸市场是主要进行农副产品零售交易的场所，是农民直接进入流通、销售农产品的主要渠道。农产品集贸市场是在一定区域范围内，以农产品的生产者和消费者互通有无为目的，以当地农产品为交易对象，以零售为主要形式的现货交易场所。

随着收入水平的提高，人们对于品质的诉求越来越高，相对于农产品流通企业来说，超市在市场销售方面更具优势，而且食品安全质量相对较高，因此，在农产品零售市场上，全国各地围绕流通模式展开了积极探索。"超市+专业合作社+农户"模式是目前"农超对接"支持发展的主要模式。商务部也会同其他单位积极推进"农超对接"试点工作。对于"农超对接"做出了如下发展定位：第一，全面推进农超对接，有利于搞活流通和扩大消费，促进农产品市场繁荣和居民消费能力提高；第二，有利于减少流通环节，降低流通成本，稳定市场价格和保障市场供应，促进农产品成交价格和数量维持基本稳定；第三，有利于提高农业生产组织化程度和增加农民收入，促进农民专业合作社的发展；第四，有利于保障食品安全和改善民生，对加快构建社会主义和谐社会也具有重要意义。

二、农产品市场的功能与作用

（一）农产品批发市场的功能

1. 商品集散功能。一家一户的农民生产出来的农产品需要迅速销售出去，以实现其价值。而农产品消费也主要是以一家一户为单位，规模小而且分散。如果没有农产品批发市场这一中间环节，就会出现交易次数极多、批量极小、交易成本极高、效率极低的情况，从而使农产品的"卖难"和"买难"交替出现，造成严重的社会和经济问题。农产品批发市场的强大生命力就在于它能够吸引和汇集四面八方的客户和商品，然后再发散到全国各地甚至世界各地，使农产品的价值迅速转移，使其使用价值顺利让渡。

2. 价格形成的功能。批发市场建立之后，由于它具有在较大范围内集散农产品的功能，来自全国各地的商品同场竞争，同一种农产品就可以通过比较按质论价，有利于反映商品价值和供求关系的价格迅速形成。批发市场所产生的价格比较真实，这种比较真实的价格能在一定程度上起到稳定农产品市场价格的作用。

3. 信息中心的功能。由于批发市场连接着产需两头，信息来源比较多，加之批发市场拥有多样化的信息传递手段，因此它是一个良好的收集、整理、发布信息的场所。

4. 调节供求的功能。农产品市场是完全按照经济规律来调节农产品供求的。批发市场的大批量、大规模集散农产品的特点使之对农产品供求产生重要影响。此外，批发市场还可以通过价格等信息服务来协调产销关系，通过建立农产品货源基地来指导均衡上市。

5. 综合服务的功能。这是指批发市场通过自身的运营为交易者提供各种方便交易服务的功能。交易者进入批发市场后，需要提供交易场地、通信、邮电、结算、信息、停车、装卸搬运、食宿、卫生、包装、加工、分级、贮藏等各项服务。批发市场是否能提供全面、周到的服务，是批发市场能否兴旺发达的关键因素。批发市场的各项服务可以由批发市场本身提供，也可以吸纳一些企业单位进场提供。

（二）农产品批发市场的作用

1. 对于发展农产品生产的作用具体表现在：商品性农产品生产的发展促进了农产品批发市场的发育，批发市场的建立和发展又反过来进一步促进农业生产的发展。农产品批发市场的建立和发展，促使农产品流通实现多渠道、少环节、开放式经营，货畅其流，充分调动农民的生产积极性。

2. 对于保护生产者和消费者利益的作用。由于批发市场上经营与价格全部放开，能够使价值规律充分发挥作用，农产品价格基本上能够反映其价值，实现等价交换，稳定农产品价格，从而有利于保护农产品生产者和消费者的利益。

3. 对于推动流通体制改革和流通组织创新的作用。批发市场的建立和发展，对于旧的流通体制冲击最大。因为批发市场的各项功能的发挥使它逐步成为我国农产品流通的中心。首先，从全国来看，通过批发市场流通的农产品占的比重越来越大，是其他渠道无法比拟的。其次，批发市场形成的价格被人们认可，并对零售价格及产地直销价格起决定作用，农产品批发市场"价格形成中心"的地位得以确立。再次，由于各大批发市场实现了计算机联网，使市场信息能够迅速传递，农产品批发市场也逐步成为农产品流通的信息中心。此外，由于批发市场上各种经济成分的经营者共同从事农产品流通，具有很强的开放性，开放有利于公平竞争，公平竞争又带来了高效益。随着农产品批发市场成为我国农产品流通的中心，国有和合作的农产品流通企业面对的就不再是政府的计划，而是广阔的农产品市场，这就迫使它们转换机制，参与农产品市场竞争。一些国有和合作的商业批发机构顺应改革潮流，把自己的工作转移到支持和参与农产品批发市场的建设和经营上来。

农产品批发市场的发展也呼唤着农民流通组织的创新。随着农产品批发市场交易规模的不断扩大，显露出一个深层次的问题，这就是代表农民整体利益的流通组织没有发育起来。农产品生产者进入批发市场的组织化程度太低，竞争力弱，大量利润不合理地流入中间商手中。只有创新农民流通组织，并让代表农民整体利益的组织进入市场、参与竞争，才能帮助农民把市场风险内部化，才能使农民的利益从根本上得到保护。我国现在有少数地区已经成立了农民"运销合作社"，把农民组织起来，以增强其市场竞争力，收到了很好的效果。

（三）我国农产品批发市场的类型

我国农产品批发市场从形成方式上划分主要有两大类：一类是由政府有关部门参照国外经验进行规范设计而建立起来的农产品批发市场；另一类是在城乡集市贸易基础上自发形成，有关部门加以引导建设而成的批发市场。

政府建立的批发市场有系统的、严格的管理，得到政府的支持，但须逐步完善经营机制，增强活力，提高经济效益。自发形成的批发市场具有广泛的社会经济环境和坚实的经济基础，但须加强引导和规范管理，使之健康发展。

（四）农产品期货市场的功能

农产品期货市场是农产品市场的重要构成部分，我国农产品期货市场刚刚起步，其基本功能主要有：

1. 指导生产与流通。农产品期货市场的价格开始成为生产和流通企业经营的主要参考。我国一些主要农产品交易所的期货成交价格在这方面发挥了重要作用，并为国际期货界所重视。

2. 稳定企业经营。利用期货市场套期保值，能够稳定企业经营。例如，粮食购销企业运用期货市场进行套期保值，把储备粮投入流通领域周转，同时，在期货市场上购进数量相当的期货合约，当价格合适的时候，再做反向交易，较好地回避和分散了卖出现粮后价格波动的风险。这不仅解决了粮食经营部门资金紧张、占用农产品收购款、向农民打白条等问题，而且降低了粮食储备费用，减少了持有成本，获得了赢利，给国家、企业和农民都带来了利益。

3. 降低交易成本。在期货市场上，买卖双方公平竞价，直接成交，简化了流通渠道，减少了许多中间环节，降低了交易成本。

4. 促进农产品进出口贸易。利用国际期货，可有效地促进农产品进出口贸易的发展。国际信息业和期货业在迅速发展，国际商品价格和汇率变化等信息的传递速度在加快，而农产品对外贸易运转周期则相对缓慢，存在很大的行业风险。为了减少这种风险，中国外贸企业从 20 世纪 50 年代开始就在美国、英国、日本、马来西亚等市场做套期保值业务。农产品出口保值，降低了经营风险，保证了出口与收购工作的正常进行。多年来套期保值运作效果很好，有力地促进了农产品进出口贸易的发展。

5. 稳定现货与金融市场。期货市场对稳定现货市场与金融市场发挥着一定的作用。期货市场上占用大量资金，直接减少对现货市场的压力，使现货价格上涨的幅度受到一定的限制。同时，期货交易中使用的资金，相当一部分是通过银行存储、流通与结算拨付的，其中，如会员会费、席位费、风险基金等一般较长时间存于银行账户上，银行可视具体情况用于融资、周转，对缓解信贷资金紧张起到一定作用。另外，由于期货实行保证金与交割结算制度，有利于加速社会资金周转。

（五）市场中介组织的功能

农村市场中介组织，是联结农业与其产前、产后部门，联结农民与其他市场主体，联结政府与农民，充当农民进入市场的桥梁和纽带，为农村市场经济的发展提供各种服务，并具有法人地位的经济组织。农村市场中介组织具有以下主要功能：

1. 价值实现功能。农村市场中介组织促使农业与有关部门联为一体，以减少农产品流转的中间环节，缩短流通过程，使产销或产加销畅通，最大限度地减少或避免农产品在流通领域的损失，从而保证其价值的顺利实现。

2. 经济组织功能。农村市场中介组织根据市场经济的客观要求，引导农民按照自愿互利和专业化协作的原则，以各种形式在生产和流通领域组织起来，调整生产结构，形成产品优势，开展综合经营，实现加工增值，扩大交易规模，降低交易成本，增强竞争实力，提高经济效益。

3. 信息传播功能。农村市场中介组织的重要功能之一，就是通过广泛的市场调查，搜集大量的市场信息，并对所获得的信息进行加工、整理和分析，对各种农产品的市场供求状况及其变化趋势做出判断和预测，并及时地提供给农民，指导农民做出符合市场需求的生产决策。

4. 科技转化功能。农村市场中介组织一方面将广大农民组织起来，兴办各种科研实体，向农民普及科学知识，推广农业适用技术；另一方面，将农业教育、科研、推广、生产连为一体，加强农业科技人才的培养，提高农民的科学技术水平，促进农业科技成果的商品化和有偿转让，消除农业技术推广的中间梗阻，缩短农业科学技术成果转化为现实生产力的时间和空间距离。

5. 要素组合功能。农村市场中介组织在各农户之间、农工商各产业之间，以及各地区、各部门之间，按照市场机制组织广泛的经济交流与协作，促进生产要素的流动与合理配置，实现资金、劳力、土地和原材料等生产要素的优化组合，使有限的生产资源发挥最大的经济效用。

6. 经济核算功能。农村市场中介组织可根据农户的需要，向他们提供经济核算服务，帮助他们分析生产经营过程的盈亏原因，总结经验，寻求增产节约、提高经济效益的途径，并为其咨询策划，协助他们制订出切实可行的生产方案，使其生产经营活动能更好地适应市场经济的客观要求。

7. 法律服务功能。通过向农民提供系列的法律服务，从总体上提高农民知法、守法，在经济生活中严格依法办事，并善于运用法律手段进行自我保护的能力。

8. 政策传递功能。国家对农民的各项优惠政策及其具体措施，可以直接通过农村市场中介组织落实到农民，对发生在各个环节的违背、折扣政策的行为，农村市场中介组织可进行干预或向有关部门报告，以确保国家政策畅通有效地贯彻执行，从而提高宏观调控的力度和效果。

第二节 农产品物流市场

农产品物流，指农产品从生产领域向消费领域转移的过程中所经过的各个环节。农产品离开生产领域后，进入不同的流通渠道，农产品在这些流通渠道中，需要经过某些环节，逐步地向消费领域转移，才能完成其实体的转移和价值的实现。

农产品流通的主要环节，一般包括收购、销售、贮藏和运输四大环节。在流通过程中，这四大环节彼此存在内在的联系。在市场经济条件下，农产品空间位置的转移运动（运输和贮藏）总是以农产品所有权的转移（收购和销售）作为前提条件的。也就是说，农产品运输和贮藏总是随着农产品收购和销售工作的进行而发生的。因此，四大环节中，起主导作用的是收购和销售。然而，运输和贮藏也是不可缺少的条件，没有运输和贮藏，收购和销售很难进行。有些农产品，还应包括加工这一重要环节。例如粮食，粮食部门收购的粮食，基本上是原粮，而广大消费者购买的一般是成品粮，在原粮等级既定的情况下，成品粮质量取决于加工质量，加工对粮食流通影响很大。粮食通过加工，还可以增值，提高粮食流通过程中的经济效益。

此外，农产品流通还有一些必要的辅助环节。从技术角度考虑，由于农产品是生物产品，许多农产品生产出来以后，常常要经过检验、整理、分级、包装等环节；有些农产品还必须经过必要处理，以延长保鲜期和防止病虫危害。

一、农产品物流分类

农产品物流通道，是指农产品从生产领域进入流通领域衔接消费的通道，即农产品从生产者手中转移到消费者手中所经过的途径。农产品流通渠道可以从以下不同角度去划分：

第一，依据农产品的销售形式，划分为直接流通渠道和间接流通渠道。直接流通渠道是指农产品由生产者直接转入消费者手中的一种流通渠道，如农民向消费者直接出售自己的产品；农业原料生产基地与加工企业签订产销合同，直接向加工企业销售农产品原料等。间接流通渠道是指农产品由生产者转移到商人，再由商人转移到消费者手中的一种流通渠道，它是随着商品经济和社会分工的发展而出现的一种流通形式。

第二，依据专业分工情况，划分为专营商业渠道、兼营商业渠道和产销结合渠道。专营商业渠道是指专门从事农产品购销经营活动的一种流通渠道。兼营商业渠道是指以经营其他商品为主，附带经营农产品的一种流通渠道。产销结合渠道是指农产品生产单位通过自己的商业组织销售本单位产品的一种流通渠道。

第三，依据农产品流通的管理形式，划分为计划调节性流通渠道和市场调节性流通渠道。计划调节性流通渠道是指按国家政策规定，采取计划购销的农产品流通渠道。市场调节性流通渠道是指在计划调节以外，采取议购议销和自由购销的农产品流通渠道。

借鉴我国实施的《中华人民共和国国家标准物流术语》对物流的定义，结合农产品运销特征，本书把农产品物流界定为：为了满足客户需求，实现农产品价值而进行的农产品、服务及相关信息从产地到消费者之间的物理性经济活动。它包括高效率、高效益的农产品及其信息的正向和反向流动及储存而进行的计划、实施与控制过程。具体来说，农产品物流就是农产品的运输、储存（常温、保鲜和冷藏）、装卸、搬运、包装、流通加工、配送和信息处理等环节的有机组合。包括一系列物质运动过程、相关的技术信息组织和处理过程以及各个环节上的物流管理活动。在这一活动过程中创造了时间价值、场所价值和部分加工价值。因此，从概念上，看农产品物流是农业物流的重要组成部分。

农产品物流根据分类标准的不同可以有不同的分类方式。依据农产品物流系统的性质，可以划分为社会化专业物流和企业物流；按照农产品物流系统的空间范围划分的话，可分为国际农产品物流、国内农产品物流和地区性农产品物流；按照农产品物流业务是否外包可分为自营物流和第三方物流；按照农产品物流系统作用的对象划分，则分为粮食作物物流、经济作物物流、水产品物流、畜牧产品物流、林材木及林产品物流和其他农产品物流。

相对于工业而言，农业是自然再生产和经济再生产交织在一起的再生产过程，农产品的生产、流通存在着非人力能控制的风险，再加上许多农产品是人们生活必需品，需求弹性小，这些特殊性使农产品物流表现出明显不同于工业品的特征。

（一）农产品物流运作的相对独立性

由于不同地区的气候、土壤、降水等存在差异，各地适宜种植品种不同，农产品生产呈现出明显的季节性和区域性特征，而农产品的消费则是全年性的，这就决定了农产品物流过程中需要较大量的库存和较大范围的调度或运输；营养性、容易感染微生物而腐败变质，从而对物流设备和工作人员提出了较高的要求；安全卫生性，对其生产和贮运提出了更高要求，如加工中要求无菌，产品配送过程中不能和有其他气味的商品混运，容易造成窜味，还应注意配送中微生物和重金属的交叉污染等问题，对温度和湿度做出严格的规定等；而且产品的交货时间有非常严格的期限性，即前置期有严格的标准；鲜食品和冷链食品在食品消费中占有很大的比重，所以食品物流必须有合适的冷链、保鲜链，甚至是气调链；由于绿色食品、绿色消费的日渐盛行，对绿色物流提出了更高的要求。

（二）农产品物流量大

农产品的生产基地在农村，而广大的农产品消费者生活在远离乡村的城市之中，为满足农产品消费在不同时空上的需求，就必须将农产品从农村转移到城市，准确、快捷地传送到消费者手中，以实现农产品的最终价值。因此，农产品物流面临数量和质量上的巨大挑战。农产品除部分农民自用外，大多成为商品，需要物流，数量之大，品种之多，都是世界罕见，发展农村物流是服务“三农”、服务新农村的重要内容。然而，目前我国农村货运的特点是货源分散、运力分散、经营分散、管理粗放，这些极大地制约着农村物流的发展。如何打破“瓶颈”，形成了巨大的农产品物流。

（三）农产品物流技术要求高、专业性强、难度大

农产品自身的生化特性和特殊重要性，使得农产品流通过程中保鲜、储存、加工等环节具有重要的地位并具有很强的生产性。而且，有些农产品为了方便运输和贮存，在进入流通领域之后，还需要进行分类、加工、整理等活动。比如，粮食储存在仓库中，必须定期进行通风、烘干，以控制粮食水分，使粮食的使用价值得到保证；活猪、活牛、活鸡等进入流通，必须进行喂养、防疫，如果收购后进行屠宰，还需要进行冷冻、冷藏处理，这就要求有特殊的加工技术和相应的冷藏设施。可见，农产品在运输贮存过程中，各自要求的输送设备、运输工具、装卸设备、质量控制标准各有不同，使得农产品物流比工业品物流更具生产性，且要求根据农产品各自的物理化学性质安排合适的运输工具，从而保证农产品的性质和状态稳定，以确保农产品品质、质量达到规定要求。

（四）加工增值是发展农产品物流的重要环节

农产品不同于工业品的最大特点是农产品的加工增值和副产品的综合利用。这部分价值是在农产品离开生产领域后，通过深加工和精加工，延长产品链而实现的增值。比如粮食深加工和精加工、水果加工、畜牧产品加工及海洋水产品加工等，一般来说，其增值环节主要包括以下几个方面：一是农产品的分类与包装增值服务；二是农产品适度加工增值服务，比如通过对粮食的研磨、色选、细分或者规格化等生产加工工序，以一定的商品组合开展农产品促销，能够促使农产品流通的顺利进行；三是农产品社区配送增值服务；四是特种农产品运输、仓储与管理增值服务。

（五）农产品物流风险大

农产品生产的分散性、季节性，使得农产品物流的风险增大。农产品生产点多面广，消费地点分散，市场信息更加分散，使得人们难以全面把握市场信息，容易造成供给不适应需求的状况；而且，由于农作物有生长过程，牲畜亦须经过发育成长期，故农产品生产受季节性限制明显，难以连续不断地生产，无法依农产品价格的高低短期内有所增减，供给难以在短时间内对需求进行有效的调节，导致市场价格波动大。过大的流通风险会降低物流经营者的预期利润，往往会使经营者更多地采取短期的机会主义行为，不利于形成有序的市场竞争和培育市场主体。

（六）分散−集中——分散的物流节点特征突出

我国农业生产中最为突出的矛盾之一是小规模经营与大生产、大流通矛盾。规模小是指农产品生产、经营、流通普遍零碎化，没有规模效益；大群体指参加农业生产的主体众

多，离散性强，缺少联合，组织化程度低，导致生产盲目性，容易造成农产品买难和卖难的交替出现。这种农产品的"小生产"和"大市场"的矛盾决定了农产品流通过程呈现出由分散到集中再由集中到分散的基本特点。一家一户就其农业生产的单体资源配置、生产能力、生产规模、农产品的产出量和商品量等而言其水平都是较低的。这就决定了农产品生产的"小生产"的基本特征。而农产品的消费却遍布全国城乡。这种"小生产"和"大市场"的矛盾还会存在一个时期。这种情况决定了农产品物流会在较长时期呈现出由分散到集中再由集中到分散的基本特点。

（七）政治含义的商品特征尤为明显

农产品作为附带着社会政治含义的商品，使得各国政府在其生产与流通中都有不同程度的介入。一是农产品的需求收入弹性通常小于1，这意味着随着经济增长和人均收入的提高，就占总消费的份额而言，农产品需求的增长趋于下降，不利于农民收入的增加。二是农产品需求价格弹性也小于1，农产品价格下降所产生的追加需求只能带来比以前更少的收入。这两个因素对农民收入有突出的影响，因此，许多国家都不同程度地采取干预政策以保护农民的利益。三是从食品供给安全的角度考虑，政府的干预更是不可避免。

二、国内农产品物流发展模式

我国地域广阔，农产品种类繁多、属性各异，再加上各地区自然条件、经济结构和发展水平的不同，我国农产品物流运营模式发展较为缓慢。目前主要有自营物流和第三方农产品物流两种发展模式。

自营物流是指农产品生产者、农产品加工者、农产品流通配送企业根据自己的经营实力和经营习惯，通过建设全资或控股物流子公司，完成企业物流的配送业务。在这种模式下，作为农产品物流活动的主体，可以向仓储企业购买仓储服务，向运输企业购买运输服务，但是这种服务的购买仅限于一次或一系列分散的物流功能，且具有临时性、纯市场交易的特性，即物流服务与企业价值链之间的联系是松散的。由于农产品物流运作主体的不同，自营物流模式可以有多种形式选择。

第三方农产品物流模式是指由农产品生产者和加工者以外的第三方负责完成农产品运输、仓储、配送、流通加工等一系列物流活动的运作过程。随着农产品市场化程度的提高，一些专门从事农产品储运、配送及流通加工的第三方物流组织逐渐出现。在这种模式中，第三方农产品物流企业不拥有商品，不参与商品买卖，作为主导者联结着农产品生产和加工者、各级批发商、零售商、中介组织，并为顾客提供以合同为约束、以结盟为基础的系列化、个性化、信息化物流代理服务。

第三节 农产品电子商务市场

一、农产品电子商务的概念

电子商务源于 Electronic Commerce，简写为 EC。顾名思义，其包含两个方面：一是电子方式；二是商贸活动。一般来说是指利用电子信息网络等电子化手段进行的商务活动，是指商务活动的电子化、网络化。广义而言，电子商务还包括政府机构、企事业单位各种内部业务的电子化。电子商务可被看作一种电子化的商业和行政作业，这种方法通过改善产品和服务质量、提高服务传递速度，满足政府组织、厂商和消费者降低成本的需求，并通过计算机网络加快信息交流以支持决策。电子商务可以包括通过电子方式进行的各项活动。随着信息技术的发展，电子商务的内涵和外延也在不断充实和扩展，并不断被赋予新的含义，开拓出更广阔的空间。

电子商务将成为 21 世纪人类信息世界的核心，也是网络应用的发展方向，具有无法预测的增长前景。电子商务还将构筑 21 世纪新型的贸易框架。大力发展电子商务，对于国家以信息化带动工业化的战略，实现跨越式发展，增强国家竞争力，具有十分重要的战略意义。

二、农产品电子商务的优势

不同的农产品电子商务模式，解决或缓解了目前农产品贸易中存在的不同的问题，因此有不同的网络适应性；价值链整合和第三方交易市场能有效地解决农产品交易环节过多的问题；信息的畅通、透明能够规范交易各方的行为，网上商店、电子采购、价值链整合、第三方交易市场四种模式中规范的交易流程、科学的交易方式能够减少传统交易中存在的交易不规范的顽疾；农产品电子商务的七种主要模式都具备信息的收集、发布功能，并且采用这些模式的企业为了聚集人气和提供完善的服务，都加强了信息的服务能力，使参与者能得到比较全面的相关交易信息，在一定程度上消除信息不对称性；信息中介模式能有效降低农产品交易中收集信息的成本；电子商店、电子采购、价值链整合、第三方交易市场能分别不同程度地减低交易成本；第三方交易市场模式，通过有效的网上交易手段及和约交易，能够减少交易的波动幅度；同时，针对农产品交易量大、生产的季节性和区域性特点，农产品电子商务也有不同的模式适应性。

三、农产品电子商务市场运营模式

（一）"公司+农户+电子商务"

该运营模式借鉴"公司+农户"的思路。"公司+农户"的运营模式是农产品流通由计划经济向市场经济转变的必然结果，让很多的企业也尝到了甜头。利用电子商务来拓展公司的销售渠道，将电子商务的特点与传统的产品相结合，积极掌握供需的双向信息，将农产品放置于网络平台进行 24 小时不间断的运营，扩大销售渠道让全国乃至全球的采购商或消费者掌握农产品的供应信息，这也为公司更好地提供了市场信息，增加了销售的渠道，延长交易时间，获取更多的交易对象，给企业带来巨大的销售空间，这就是"公司+农户+电子商务"。

由于农户的知识和技术能力的限制，农户在该营销体系中并未直接参与电子商务，而是与公司进行接触，进入"公司+农户"体系；由公司负责农产品的电子商务化运作，负责电子商务平台上的交易信息发布、交易订单处理等；最终，通过电子商务平台，公司将农产品销售给采购商（消费者），而采购商（消费者）利用网络银行将款项付给公司，完成交易。

（二）"政府组织+农户+电子商务"

目前在农业方面涉及的政府组织大致有：农业部（农业厅）等行政管理部门、农业科学研究院、农村专业合作社、农技站等服务协调部门。政府的这些组织在农业的发展中扮演了不可或缺的角色，在过去的农业发展中起到了极大的推动作用。在电子商务发展的背景下，政府组织当然也可以借助新型的手段来推动农业的发展、推动农产品的营销。

（三）"政府组织+农户+电子商务"

"政府组织+农户+电子商务"即农户借助政府组织的技术、物力和财力等来实施农产品营销的电子商务化。应用"政府组织+农户+电子商务"的渠道后，农户将各自的供应或需求信息告知政府的相关农业组织，由组织的技术人员负责将农户的供需信息发布到电子商务平台，向农户反馈市场动态信息，并负责与采购商沟通、处理农户的订单，直至交易的最终完成。政府组织在这里起到了承上启下的作用。

（四）"农产品中介组织+农户+电子商务"

政府的资源在一定程度上来说是有限的，随着市场经济的变化及农业的发展，政府组织将不能完全满足农户的需要，在这个情形下农产品中介组织就可以很好地介入到农产品电子商务中来，替代政府组织的部分功能。"农产品中介组织+农户+电子商务"即把农户集合到农产品中介组织，由该中介组织提供技术支持来实施农产品营销的电子商务化。农产品中介组织目前还非常少或由个人充当，农产品中介组织可以是一个技术较好的、集网站开发和管理维护于一体的电子商务类企业，也可以是单一的应用、管理型组织，如：浙江省目前实施了"千镇连锁超市、万村放心店"，其实这些资源就可以整合成一系列的中介组织，很好地应用于该营销体系。

第四节　农产品期货市场

金融衍生产品通常是指从原生资产（Underlying Asaets）派生出来的金融工具。金融衍生产品的共同特征是保证金交易，即只要支付一定比例的保证金就可进行全额交易，不需要实际上的本金转移。合约的了结一般也采用现金差价结算的方式进行，只有在期满日以实物交割方式履约的合约才需要买方交足贷款。因此，金融衍生产品交易其有杠杆效应。保证金越低，杠杆效应越大，风险也就越大。根据产品形态，金融衍生产品可以分为远期、期货、期权和掉期四大类。远期合约和期货合约都是交易双方约定在未来某一特定时间、以某一特定价格、买卖某一特定数量和质量资产的交易形式。期货合约是期货交易所制定的标准化合约，对合约到期日及其买卖的资产的种类、数量、质量做出了统一规定。远期合约是根据买卖双方的特殊需求由买卖双方自行签订的合约，因此，期货交易的流动性较高，远期交易的流动性较低。掉期合约是一种为交易双方签订的在未来某一时期相互交换某种资产的合约。期权交易是买卖权利的交易。期权合约规定了在某一特定时间、以某一特定价格买卖某一特定种类、数量、质量原生资产的权利。期权合同有在交易所上市的标准化合同，也有在柜台交易的非标准化合同。

一、期货商品

一般来说，并不是所有商品均适合在期货市场上交易，只有具备下列属性的商品才能成为期货合约交易的标的物。第一，价格波动大。只有价格波动大的商品，市场交易主体才有规避风险的动机。换句话说，计划经济条件下或者垄断市场情况下，市场参与主体往往不需要发展期货。第二，商品本身供需量大。期货市场发挥功能是以商品供需双方广泛参与交易为前提的，只有现货交易量大而且更多经济参与主体在更大范围内充分竞争，才能形成权威价格。供给方或需求方数量相对较少，或者市场参与主体少，市场则不活跃，或者交易规模小，本身也容易被少数经济主体垄断。第三，易于分级和标准化。与现货市场交易和远期交易不同的是，期货合约已经对交割商品质量和标准做出了明确规定。第四，易于储存、运输。期货商品一般都是远期交割的商品，因此需要商品易于储存、便于运输，保证期货商品交割顺利进行。目前，我国上市的农产品期货商品主要集中在郑州商品交易所和大连商品交易所。

二、期货合约

期货合约是由期货交易所统一制定的、规定在将来某一特定时间和地点交割一定数量和质量的商品的标准化合约。一般包括合约名称、交易数量和单位条款、质量和等级条款、交割地点、交割月份、最小变动价位等具体规定。交易单位是指每手期货合约代表的标的商品的数量，比如，玉米期货合约的交易单位是 10 吨/手，郑州商品交易所普通小麦期货合约的交易单位是 50 吨/手。涨跌停板幅度是期货交易所规定的某种期货合约在每个交易日的最大允许涨跌幅度。设置涨跌停板制度的目的是防止价格波动幅度过大，也是为了保护期货参与主体在市场价格剧烈波动中免受经济损失。为了控制风险，期货交易所在进行交易之前必须缴纳保证金，期货合约的保证金一般是由期货交易所根据不同的期货商品品种决定，其金额通常为期货合约的 5%～10%。比如，玉米期货合约的最低交易保证金为合约价值的 5%。标准化的期货合约方便了交易的各个环节，也使得交易能够更加顺利地进行。

三、期货交易制度

(一) 交易所实行每日无负债结算制度

在每日交易结束后，交易所按当日结算价结算所有合约的盈亏、交易保证金及手续费、税金等，对应收应付的款项实行净额一次划转，相应增加或减少会员的结算准备金。

(二) 涨跌停板制度

涨跌停板是指期货合约允许的日内价格最大波动幅度，超过该涨跌幅度的报价视为无效，不能成交。

(三) 强行平仓制度

当会员、客户出现下列情况之一时，交易所有权进行强行平仓：第一，结算准备金余额小于零且未能在规定时间内补足的；第二，持仓量超出其限仓规定的；第三，进入交割月份的自然人持仓；第四，因违规受到交易所强行平仓处罚的；第五，根据交易所的紧急措施应予强行平仓的；第六，其他应予强行平仓的。

（四）保证金制度

在期货交易中，任何交易者都必须按照其所买卖期货合约价格的一定比例（通常为5%～10%）缴纳资金，作为其履行期货合约的财力担保，然后才能参与期货合约的买卖，并视价格变动情况确定是否追加资金，所交的资金就是保证金。

（五）限仓制度

指期货交易所为了防止市场风险过度集中于少数交易者和防范操纵市场行为，对会员和客户的持仓数量进行限制的制度。依制度规定了会员或客户可以持有的、按单边计算的某一合约持仓的最大数额，不允许超量持仓。

四、主要交易方式

（一）期货交易的基本概念

期货交易就是指在期货市场上建立交易部位。如买入期货合约则被称为"买多"或者"多头"，也叫建立多头部位或者多头交易；如卖出期货合约则被称为"卖空"或者"空头"，也叫建立空头部位或者空头交易。完整的期货交易包括建仓和平仓两笔交易。开仓包括买入期货合约，也可以卖出期货合约。在没有平仓之前都叫持仓。部分概念如下：

1. 开仓：开始买入或卖出期货合约的交易行为称为"开仓"或"建立交易部位"。

2. 持仓：交易者手中持有合约称为"持仓"。

3. 头寸（交易部位）：等同于持仓的一种说法。期货合约买方处于多头部位，期货合约卖方处于空头部位。

4. 平仓：交易者为了了结手中的合约，进行反向交易的行为称为"平仓"或"对冲"。

5. 开盘价：开市前几分钟集合竞价产生的价格。

6. 结算价：当天某商品所有成交合约的加权平均价。

7. 涨跌幅：某商品当日最新价与昨日结算价之间的价差。

8. 追加保证金：当客户的持仓保证金超过该账户的总权益时，期货经纪公司在当日结算后向客户发出追加保证金通知书。

按照交易主体交易目的不同，期货交易分为三类，即套期保值交易、投机交易和套利交易。

（二）套期保值

套期保值交易是指买入（卖出）与现货市场数量相同但交易方向相反的期货合约，以期在将来某一时间通过卖出（买入）期货合约来抵偿因现货市场价格变动带来的实际价格风险。套期保值交易可以分为买入套期保值交易和卖出套期保值交易。买入套期保值交易是指通过买入期货合约以防止因现货价格上涨而遭受损失的行为，卖出套期保值交易是指通过期货市场卖出期货合约以防止现货价格下跌而造成的损失的行为。套期保值交易的目的是把正常经营活动所面临的价格风险转移出去。影响套期保值效果的因素有很多，包括：第一，时间差异影响：因为购买或出售的时间难以确定。然而期货价格与现货价格的差异随时间变化而变化，并且对冲常常需要在合约的到期日之前进行，从而导致期货价格并不收敛于现货价格。第二，地点差异影响：不同地区的现货价格存在差异，并且现实中还存在致使现货价格与期货价格背离的因素。第三，品质差异影响：期货合约交割对商品质量做出明确规定，可能与交易者手中的现货有实质性区别。第四，手续费、佣金、保证金的影响：这些费用都会对最终套期保值效果产生影响。

对于套期保值交易者而言，他们的目的是付出一定的成本以回避可能发生的风险或者损失。相对于套期保值，他们往往承担一定的风险并获得相应的风险补偿。期货市场投机是指通过买卖期货合约，待价位合适时对冲平仓以获取利润的投资行为，也可以分为多头投机和空头投机。一般而言，投机交易往往具有四个方面的特征：第一，承担市场风险，获取风险利润；第二，交易规模较大，交易活动频繁；第三，持有时间短，信息含量大，时空覆盖广；第四，经常利用对冲技术，一般无须进行实物交割。投机者是期货市场的重要组成部分，投机交易者增强了期货市场的流动性，承担着套期保值交易转移的风险，是期货市场正常运营的保证。

（三）套利

套利交易是期货市场上的一种特殊交易方式，它利用期货市场上不同月份、不同市场、不同商品的期货合约的相对价差。同时买入和卖出不同种类的期货合约，以此来获取利润。

套利交易的假设前提是：第一，套利者具有信息优势；第二，市场常常发生扭曲；第三，市场具有复原功能；第四，套利影响市场走势；第五，套利者厌恶风险。套利交易一般可以分为四类，即期现套利、跨市套利、跨期套利、跨商品套利。期现套利是指同一会员或投资者以赚取差价为目的。在同一期货品种的不同合约月份建立数量相等、方向相反的交易部位，并以对冲或交割方式结束交易的一种操作方式。跨期套利属于套利最常用的一种。实际操作中又分为牛市套利、熊市套利和蝶式套利。跨市套利是指利用同一商品在不同交易所期货价格的不同，在两个期货交易所同时买进和卖出同一交割月份的同种商品期货合约，以期在有利时机分别在两个期货交易所对冲手中的合约获利的交易行为。值得指出的是，目前国内三家商品交易所的上市品种都不一样，也就无法开展国内跨市套利，但是国内外铝、铜、大豆等商品可以开展跨市套利。跨商品套利是指利用两种不同的但相关性很强的商品之间的期货价格的差异进行套利，即买进（卖出）某一个交割月份的某一种期货合约，同时卖出（买入）另一种相同交割月份的期货合约或另一类关联的期货合约，以期在有利时机对冲手中期货合约来获利。跨商品套利需要满足三个条件：第一，两种商品之间具有关联性或相互替代性；第二，交易价格受到相同的一些因素影响；第三，买进或卖出期货合约通常应在相同的交割月份。根据商品之间关系的不同，跨商品套利可以分为两种。一种是相关商品间的套利。比如谷物中大豆和玉米、金属中铜与铝，它们之间都存在一定的替代性，价格相互关联，如果现行价差异常大，则可以买进低价格合约、卖出高价格合约，等到价差缩小时获利。另外一种便是原料和成品之间的套利，典型例子便是大豆与其加工品（豆粕和豆油）之间存在套利行为，如果彼此之间价格出现异常，偏离了正常范围，就可以在原料和加工品之间进行跨商品套利。

（三）我国农产品期货市场建设

我国农产品期货市场建设，应重点做好以下工作：

1. 改造交易所的组织形式，实行非营利性的投资会员制。交易所是市场交易组织，更明确地说是专门承担供交易者买卖期货合约，并提供其他必要服务的场所。交易所这种经济组织，既不是社会福利组织与社会公共产品的分配组织，也不是政府专门用来调节经济的机构，它不应由政府来投资并行使所有权的管理，而应由组建和参加期货交易的会员作为投资主体。同时，交易所作为流通服务组织区别于商品流通的中介商，如经纪组织，也不同于为卖而买的专门买卖活动，并借此取得利润的商业组织，而是不以营利为目的的会员制的集体自我服务组织。改造试点期间，交易所的交易会员制向非营利性的投资会员制过渡，是我国期货市场建设的一项重大任务。尽快地完成这一改造，有利于加强交易所的自律管理和风险控制，有利于交易所按照"公开、公平、公正"的原则组织交易，使我国期货交易在规范化的道路上跨进一大步。

2. 规范上市品种。农产品期货市场的品种，以小品种为主，必然引起一系列不易解决的矛盾。从长远看，应当尽快让大品种入市。这里的关键问题是从发展生产入手，增加对农业的投入，加速农业技术改造，促进优质高产农产品的发展，提高商品率。与此同时，要改善运输条件，合理设置交割仓库，便利实物交割。

3. 大力发展套期保值。就我国情况而言，发展套期保值，必须采取以下措施：①积极培育参加期货市场套期保值的主体；②推行实物交割制，加强期货市场与相关现货市场的沟通和联系；③探索开展基差交易和期货转现货交易；④建立有利于开展套期保值的期货市场运行机制。

4. 严格控制风险，保障期货交易正常发展。控制期货市场的风险必须从多方面按一定程序进行。交易所、经纪公司与国家期货监管部门各有应负的职责。应当指出，期货市场必须控制风险，但一定的风险是客观存在的。因此，风险要有承担者。承担风险的无疑应有客户、会员单位或经纪公司，还有交易所。在一定条件下，国家期货管理部门也应当是风险承担者，如国家期货交易政策的突然变化，给客户、会员或经纪公司与交易所带来的损失。

5. 积极培育参加农产品期货市场的交易主体。培育参加农产品期货市场交易的主体，应对两类不同交易主体采取措施。首先，是培育农民作为期货市场的主体，积极组织农业生产者参加套期保值，以回避市场风险。其次，对于国有农产品购销和加工企业以及进出口公司，应当大力协助它们进入期货市场开展套期保值业务，锁定成本，回避风险。

6. 建立健全期货交易管理体制，实现管理规范化，逐步完善三个层次的期货交易管理体制。首先要进一步加强证监会对全国期货交易的管理工作。在行业协会方面，要建立健全全国期货协会。在交易所方面，必须规范交易所的自律管理。

7. 加快期货市场管理的法制建设。期货市场法律法规体系应与我国期货市场的三个层次管理体制相适应，即应按三个层次来设定。①国家级法律法规。包括两个方面：一是由全国人民代表大会制定的关于期货市场的立法；二是由国务院制定的有关期货市场管理的行政法规。②行业协会自律规则。全国期货行业协会章程必须明确规定协会的性质、宗旨、职责、组织机构、会员条件和权利义务、交易纠纷和违规事件的仲裁等。同时还要制定一系列旨在维护和规范行业自律管理的配套规则，如风险监察制度、经纪人资格考试制度等。③期货交易所和期货商的自律规则。与期货法律法规体系相对应，要设置相应的期货司法和行政执行机构。期货交易所设立自己的仲裁委员会和执行机构，行使其对交易所会员之间的纠纷进行调解仲裁的权力。在全国期货行业协会设立仲裁机构，接受和处理协会会员之间和会员与客户之间的纠纷和争议。国务院证监会设立的证券期货仲裁机构和人民法院专设的证券期货审判庭，对重大期货案件及上诉期货案件进行审理和裁决。

8. 全面培训提高期货人员的素质。农产品期货交易是现代农产品市场的交易方式，需要高素质的交易人员、管理人员、执法人员和其他服务人员，要通过多种途径，全面提高期货交易人员的素质，尤其要重视对农民进行农产品期货交易基本知识的教育，使他们逐步适应和积极参与这种现代农产品市场的交易方式。

第五节 农产品国际贸易

一、我国农产品国际贸易结构的特点

第一，无论进口还是出口，我国都是农产品国际贸易的主要参与者，我国对农产品国际贸易的影响都在不断扩大。2020年我国已经进入人均GDP万美元的水平，人民对农产品的需求日益增加并多元化，但我国人多地少，且土地产出率已经达到较高的水平，我国将长期占据农产品最大进口国和最大逆差国的位置。我国在其他非农产品上每赚100美元，就必须将其中16美元用于抵消农产品逆差。

第二，我国对农产品的需求强烈，进口集中于巴西、美国、加拿大、澳大利亚等土地丰富的国家，仅这四国就占我国农产品进口的49.7%，这些国家也是我国的主要逆差来源国。从产品结构看，近年来畜产品和油脂类是我国主要进口产品，而蔬果进口量也快速增长。随着我国居民农产品需求结构的升级，以上三大类产品的进口规模将进一步扩大。粮食进口虽然比重较小，但由于我国人口数量庞大，每年全国大米供应量是国际贸易总量的20倍，粮食价格波动对国际贸易的影响始终需要高度重视。

第三，我国的农产品出口增速近年来逐步放缓，从贸易对象看，我国出口的主要市场是日本、中国香港地区、韩国、越南等周边土地更加稀缺的区域，依靠运输便利的优势进行生产。从品种上看，我国出口的品种多数是水产制品、蔬菜制品、茶叶等劳动密集型产业和传统优势品种，并非国际贸易主要品种。无论从贸易对象还是出口品种看，我国未来出口的增长空间都比较有限。

二、基于供给侧结构调整的农产品国际贸易

（一）农产品国际贸易的贡献

1. 规模不断扩大。农产品的贸易数量不断增加，从经济学的角度来看，消费和投资以及进出口是带动经济增长的三要素。而国际贸易能更好地提高劳动生产率，调动各种生产积极因素，发挥国家和地区的地域优势和人口优势。我国现阶段仍然是一个农业大国和人口大国，农产品贸易在进出口贸易中占比非常大，因此对拉动经济的增长有着十分重要的意义。

2. 优化了农业产业结构调整。国家的进出口贸易最主要的是从两个方面促进经济的

增长；短期方面来看，可以改变调节农产品的供需关系，利用优势农产品的价格优势，通过市场的价值实现从而促进经济的增长；从长期的方面来看，能够影响和决定生产要素的投入以及生产要素的配置比率，从而改变产业结构推动区域经济的发展。我国是一个人口大国，这就注定必须提高农业的生产力水平和粮食生产的比率，从而达到粮食自给自足，确保国家粮食安全。同时，我国的瓜果蔬菜这些劳动密集型产业，由于劳动力成本低，在国际贸易上占有出口优势，通过调节发展这些具有出口潜力的优势农产品产业，扩大这方面的出口，促进了这一优势农产品产业化的发展，进而推动国民经济的发展。

3. 扩大的国际市场农产品的需求。农产品是人们生活的必需品，是人类赖以生存以及发展的最根本的物质基础。正是这一原因，才形成了国际贸易市场上农产品交易迅速发展的大好局面。也就是说人类生存的最基本物质需要和工业原料对农产品的依赖，推动了农产品贸易的发展。站在宏观的角度来看，随着世界人口的快速增长，经济体量的不断扩大，对农产品的需求也必定会越来越大。由于不同的国家和地域所处的地理环境不同，生产资源和生产条件也迥异，各地方也都有不同优势的农产品类型，随着世界经济一体化格局的形成、人们生活水平的提高，人们对不同的农产品的需求种类也越来越丰富，这样就促进了国际贸易的进一步发展。

（二）供给侧结构调整下的农产品贸易分析

1. 供给侧结构调整的理论基础

供给侧改革调整的过程并不一定要否定需求侧，在市场经济的大环境下，供给不仅能够满足需求，还可以创造需求。而需求也可以倒逼供给，并且可以调整供给。以哪个方面为主从而作为政策着力点，这就需要从当前的经济情况来分析。经济的发展与调整改革有着密切的关联，简而言之就是，政府针对哪方面进行管理改革，这取决于某一个国家在特定的历史时期的特定的经济发展状况。而现阶段我们国家在农业方面所面临的问题主要是：农业连续几年大丰收而农产品的进口数量却在不断增加，导致农产品的高库存；我国的农产品生产成本居高不下，达到了天花板，而国际市场上的农产品价格却出现倒挂现象；我国的农业耕地本来稀缺，却出现了大量的撂荒现象；农产品的进口和农产品的出口双双出现了明显的增幅，这些都是供给侧结构性问题。解决这些矛盾，理应从供给侧结构调整下手。

2. 供给策调整下农产品贸易的动力

提高农业科学技术应用水平，是供给侧结构调整的重要推动力量。农业科技是农业生产以及发展的重要因素，农业技术的发展与进步一定程度能够带来新的生产要素的产生，可以转化为劳动者的素质的提高，进而促进劳动生产率提高。在国际贸易的农产品市场上，针对特殊的贸易对象，一样的农产品在不同的国家和地区会因为农业生产的科学技术的含量以及其他生产因素的结合方式不一样而产生价格差异，形成农产品贸易的动力。

3. 基于供给侧结构调整的我国农产品国际贸易问题

一是基于经济全球化的时代背景，我国出口市场的覆盖面越来越广，而进口主要表现为技术密集型，尤其在欠发达地区信息市场的出口幅度往往高于传统的市场。但是，就目前我国农产品的出口现状而言，主要还是集中于较发达地区，如美国、韩国、日本以及欧洲市场，农产品出口较为单一，且传统的市场国家占比较重，农产品种类与数量过度密集不仅不利于国际贸易的发展，而且还会受到市场经济的影响，存在较大的经济风险。

二是我国农业生产拘泥于传统作业，机械化普及程度欠缺。由于我国农业种植相对分散，且受传统农耕文化影响严重，部分地区的农产品种植依然采取最为原始的方法进行，现代化与机械化普及度较低，这不仅会影响农业种植的产量与经济效益，还会使得部分产品无法达到出口标准要求。而基于供给侧结构背景，我国农产品国际贸易中只能依靠低价销售来增加市场占比，严重缺乏农产品附加值，对于我国农产品国际贸易也会带来较大的影响，同时也制约了我国农产品品牌化与创新发展，无法切实有效地提升市场竞争力，成为目前我国农产品国际贸易的重要问题之一。

三是缺乏科学完善的农产品出口管理体系。目前，我国的农产品国际贸易往往实行多部门分割式管理，不同部门负责不同阶段的工作，这样的工作不仅缺乏系统性，而且无法有效地将各个环节紧密地联系在一起，致使农产品出口的整体流程缺乏有效的监督与管理，同时也导致在面对市场经济风险或者突发事件时缺乏应急体系支持。此外，由于我国农产品种植较为分散，目前并没有一个部门或者组织能够有效地将农业产品生产者联系在一起，大部分农业种植户、农业产品生产企业之间缺乏有效的信息交流，相互独立，这不仅会造成资源的严重浪费，还会影响农业产品种植户经济效益的提升。可见，供给侧结构调整背景下缺乏科学完善的农产品出口管理体系成为目前制约我国农业产品国际贸易的关键性问题之一。

四是随着改革开放的不断深化，我国农业生产者也在不断地转变思想，积极学习与探索先进的种植技术，但是由于农业生产者缺乏农产品质量安全意识，往往只关注经济效益的提升，在实践生产种植过程中无法科学合理地运用化肥、农药等，虽然实现了农产品产量的提升，但是也造成了农产品质量不符合国际市场标准现象出现；此外，还有部分农业种植者为了提升产量往往会选择国际组织禁用的农药进行种植生产，这样的农产品既不符合出口标准，也存在大量有害物质，是无法投入到市场中进行销售的。

（三）我国农产品现阶段出口的有利条件

1. 政策环境不断改善

现阶段，国家对农村生产的政策倾斜有力地支持农业生产，为农产品的出口规模的扩大提供了良好的政策保障。最近几年，国家连续出台了许多惠农政策，而中央一号文件更是明确支持加强农业生产的对外合作，鼓励促进农业走出去，这是党中央站在战略高度为中国农业指出的美好发展前景。同时，在国民经济发展纲要中又做出了明确的指导，要求农业扩大有效投资，调整农村产业结构，充分发挥国内国外两种市场的资源优势，把农产品的出口重点转向具有发展潜力与竞争优势的劳动密集型的农产品加工上，大力发展有机农业和特色农业。这为我国农产品出口贸易指明了方向。

2. 良好的外部国际合作环境

现如今，我国的出口贸易实行的是多元化结构战略，已经和 160 多个国家建立了经济贸易关系。与此同时，我国的农业在对外开放的发展过程中前进的步伐不断在加快，不但与世界上主要的农业国家和金融组织建立了长久的友好合作关系，还与其他多个国家建立了双边的关于农业和渔业的协作关系。全力拓展了欧美国家的市场，东盟和欧盟也已经成为我国未来农产品出口的目的市场，这为我国扩大农产品的出口奠定了扎实的基础。

3. 呈现出了一定的比较优势

一是地理位置方面的优势。我国地域辽阔，横跨亚热带和温带地区，农业生产条件优越，农业生产要素多样化，这为不同种类的农产品的生产提供了必要的条件。我国的瓜果蔬菜、茶叶、粮油以及生猪和淡水产品，在国际市场上都具有一定的竞争优势，能很大程度满足市场多样化的需求。二是劳动力资源方面的优势。我国的农村劳动力在世界上占有绝对的优势，而且劳动力成本又很低，这是劳动密集型产业发展以及产品出口最扎实的基础。

（四）基于供给侧结构调整的农产品国际贸易发展策略

1. 扩大生产能力，加快农业供给侧结构调整的步伐

各职能部门要抓好具有出口潜力的特色农产品农业基地建设，改变生产思路，调整产业结构，坚持走品牌发展战略路线。首先，要以农业基地建设为着力点，扎扎实实打好农产品出口的基础。大力促进规模化、标准化产业发展，大力建设农产品质量追溯管理体系，用绿色发展的理念指导农业生产，从而达到世界贸易的出口标准。其次，调整供给侧结构首先要调整生产结构，科学认真地分析出口农产品的供需变化，从而指导农产品的生产。

2. 狠抓质量，为农业供给侧结构调整注入新能量

要大力推进农产品的提质与增效，用创新思维积极应用最新的科学农业技术，力争减少农业生产过程中的资料消耗，重点追求降低生产成本。要用创新带动发展，以科技生产力代替劳动生产力，最大限度地挖掘农业生产中的增产节支潜力。要从根本上改变农产品

的质量，突出有机绿色的科学理念，建设一批高起点、示范性的农产品加工基地，突出国际贸易中优势农产品的深加工，争取在质量上下功夫，在创新上找突破，确保农产品高效绿色的生产，为出口贸易奠定基础。

3. 加大投资，为农业供给侧结构调整增加新活力

首先要自上而下统一认识，统一思想，增强对于农产品出口的支持意识。从中央到地方都要设立专项的农产品出口扶助资金，由职能部门具体管理使用，其使用方向要有针对性，要重点扶持出口农产品的生产和深加工以及农产品出口的境外促销，大力支持境外农业企业的产业园区建设，增加农产品出口发展的动力。其次，要加强农业金融服务。用金融手段从金融方面为农产品的出口提供强有力的支持，帮助农产品外贸企业摆脱资金困境。

4. 消除出口壁垒，为农业供给侧结构调整开拓新空间

首先，要以政府职能机构为中介，按照国家规划为我国农业设计的发展路径，积极拓展国际市场。充分发挥互联网信息技术的开放功能，消除国外设置的技术性壁垒。其次，要最大限度地利用好电子商务平台，加快国际贸易营销网络建设速度，用我国信息技术的优势支持我国农产品跨境电子商务的高效开展。

三、数字化背景下农产品国际贸易发展的路径探索

由于土壤、光照、水分等自然条件的地域差异性，导致世界各国在农产品生产方面同样存在差异性，而国际贸易能够充分挖掘国家间农业生产的比较优势，用来满足世界各国对多元化农产品的需求。数字时代的到来有效降低交易成本及费用并节约获取信息所需要的时间，从而加快国际贸易的发展，这为农产品国际贸易发展提供新契机。我国要充分挖掘数字信息技术的优势，择机发展农产品国际贸易，从而有助于履行国际责任和义务，提高农产品的国际竞争力。下文首先介绍数字化对我国农产品国际贸易的现实意义，其次分析数字化背景下我国农产品国际贸易的发展优势、发展困境，最后提出相适应的路径方案，进而为农产品的国际贸易发展贡献新方案、新对策。

（一）数字化对我国农产品国际贸易的现实意义

数字化技术在农产品国际贸易中的应用能够使我国更加明晰地了解到国际市场对各类农产品的需求情况，及时调整农产品进出口政策。当然，数字化还能够有效降低农产品的交易成本和费用，从而有助于扩大农产品进出口规模、优化农业产品结构、实现进出口市场多元化，助推我国农产品国际贸易发展。

1. 数字化有助于扩大农产品进出口规模

以往的农产品国际贸易对信息掌握较为滞后，容易出现严重的信息不对称和不匹配现象，影响农产品进出口效率和进出口规模。数字化技术的应用能够加快国家对国际市场农产品信息的掌握，从而根据国际农产品市场的供需情况及时调整进出口政策，此举不仅能够扩大农产品进出口规模，还能够提高农产品进出口的效率，减少无效进出口带来的损失和麻烦。此外，数字化技术的应用还能够降低农产品国际贸易的交易成本和交易费用，这有利于提高国际市场农产品的交易频率，激发国际农产品市场的活性，进而扩大农产品进出口规模。

2. 数字化有助于优化农业产品结构

数字化技术的应用方便利用科学知识客观了解地区适宜种植的农产品，从而扩大农业种植范围，这有助于优化农业产品结构，避免出现农业产品欠合理性现象。我国的土地面积辽阔、淡水资源丰富、气候条件多变，这便是天然的农业生产优势，但南北方的农作物种植缺乏开拓思维和创新思维，习惯于已有的农业种植品种，导致出现"南方和东北地区种植水稻，其他地区种植小麦和玉米"的农业种植现状。数字化技术的应用有助于农民了解农业生产环境的属性，寻找适合生产的农作物，以期发挥比较优势，创造更大的农耕土地价值，同时农业产品的多元化生产也可以为农产品国际贸易提供更繁多的农业品种，创造更为广阔的农产品国际贸易市场。

3. 数字化有助于实现进出口市场多元化

现阶段，我国在土地密集型农业生产方面仍存在显著劣势，而在劳动密集型和资本密集型农业生产方面具有比较优势，因此要加大对前者的进口和对后者的出口，从而满足我国实际的粮食需求以及解决过剩的农产品生产问题。由于我国与世界各国的对外贸易往来都非常密切，导致难以有效捕捉世界各国对农产品的供需信息，而数字化技术能够提高信息的利用效率，从而提供具有针对性的农产品出口政策。总的来讲，数字化技术的应用可以为农产品进出口提供精准的信息，实施具有针对性的农产品进出口方案，实现农产品进出口市场的多元化发展。

（二）数字化背景下我国农产品国际贸易的发展优势

数字信息技术在我国农产品国际贸易发展过程中具有显著的应用优势，这将有效扩大我国农产品的进出口规模、提高农产品的出口效率以及实现农产品进出口的多元化发展。文章将从信息获取成本和信息获取时间两个角度对数字信息技术的应用优势进行评价。

1. 数字化有助于降低信息获取成本

数字信息技术的应用可以实现远程的信息传递和输送，这便为农产品国际贸易提供了新优势。国家间能够通过互联网掌握彼此的农产品需求，从而制订相匹配的农产品进出口方案，以满足国际农产品市场的供求关系，维持国际贸易市场的稳定。在互联网技术普及前，世界各国出现严重的信息不充分、不对称现象，没有形成信息资源的共享，导致各国的信息极为闭塞，无法做出农产品进出口方案，更难以解决贸易双方粮食需求问题。

2. 数字化有助于节省信息获取时间

数字信息技术的应用可以节省信息获取的时间，提高信息的综合利用率，从而助推我国农产品国际贸易发展。时间本身也属于投入成本的一种形式，在日常的生产经营活动中，都会考虑时间成本问题，而在农产品国际贸易中同样也考虑时间影响。世界各国间的贸易活动非常注重关键信息获取的及时性和有效性，如果国家能够在第一时间掌握农产品国家贸易的趋势和动态俨然要比滞后的信息有意义，从而及时规划或调整农产品进出口方案，更好地履行国际社会责任和义务，为农产品国际贸易的稳定做出贡献。

（三）数字化背景下我国农产品国际贸易的路径选择

我国农产品国际贸易表现出的劣势是国际对外经济贸易发展的短板，因此如何挖掘数字化背景优势高效解决以上难题则具有重要的现实意义。文章主要围绕数字化动态监测、数字化农业生产、数字化农产品推销以及数字化应用范围拓展四个方面展开具体分析。

1. 动态监测农产品国际贸易发展趋势

在数字化时代，信息获取的成本是相对廉价的，因此挖掘信息时代红利有利于推动我国的农产品国际贸易发展。数字化、信息化优势能够有效降低监测成本，所以政府及相关部门能够借助互联网快速掌握农产品国际贸易的发展趋势，从而借助本国的农业生产优势满足其他国家的农产品需求，实现贸易双方甚至多方的共赢局面。当农产品国际贸易市场中急缺某种农产品时，政府可以迅速根据已有信息做出高效的贸易预案，及时对国际市场进行供应。一方面，有利于树立高度负责的大国形象；另一方面，有利于巩固与其他国家的贸易关系，推动中国对外贸易迈进崭新阶段。

2. 推动数字化农业生产，提高农产品产量

我国的农业科技化和农业机械化水平较为滞后，这导致农业资源利用率较低，因此推动农业数字化生产，有利于提高农业生产资源的利用效率和农产品产量，这将为农产品出口提供强有力的保障。数字化农业生产是指利用数字信息优势及时检测农产品的土壤、阳光、水分、化肥等环境状况，便于农业生产者采取及时有效的措施，为农作物生产提供最为适宜的成长环境，提高农业生产效率，为国际贸易提供强有力的粮食保障。同时，数字化农业的发展也会提高农业科技化和农业机械化水平，为农业生产提供更为先进的科学技术和农用设备，极大改善农业生产条件。

3. 打造中国农产品国际品牌，提高农产品核心竞争力

现阶段的农产品贸易仅仅表现为农产品的简单互换，难以发挥品牌化、产业化优势，因此想要提高农产品的国际知名度和认可度，必须打造国际农业品牌。首先，树立品牌的前提是严把质量关，农产品的选材要好、品质要优，切不能出现"以次充好"的现象，保障农产品质量有保障；其次，农产品还要拥有良好的外观形象，产品的保障和外观能够增加国外消费者的消费意愿，获得消费青睐；最后，完善农产品国际化标准制度，目前我国出口的农产品属于"三无"产品，难以让消费者吃着放心、用着舒心，所以农产品也要经过国际化标准检测，提高产品的国际认可度。在保障农产品自身品质和外观的前提下，可以借助数字信息技术将出口农产品进行推广，提高出口农产品的国际竞争力。

4. 挖掘数字信息技术优势，拓宽数字贸易应用范围

从理论层面对数字贸易进行界定，数字贸易包括数字化贸易和贸易数字化两部分内容，依托数字信息技术优势，以数字平台为载体，实现数字订购和数字交付的新型贸易方式。我国的农产品同样可以借助该数字贸易平台实现订购和交付，从而有效降低获取交易信息的费用，为国际贸易压低成本，提高利润空间。但在数字信息技术的应用过程中，还会面临数字贸易人才匮乏、数字基础设施发展滞后等诸多困难，因此拓宽数字贸易应用范围的前提条件是软硬件兼备，这需要政府、企业、高校等多方共同协作，助推数字贸易的发展与进步。

第五章 新型农业经营体系的构建

第一节 农业经营体系内涵

一、新型农业经营体系的概念

新型农业经营体系是以一家一户的家庭为单一农业生产经营主体的原有农业经营体系相对应的一种新农业经营体系，是对农村家庭联产承包责任制的一种继承与发展。具体而言，新型农业经营体系是指大力培育发展新型农业经营三体，逐步形成以家庭承包经营为基础，专业大户、家庭农场、农民合作社、农业产业化龙头企业为骨干，其他组织形式为补充的一种新型的农业经营体系。

二、新型农业经营体系的特征

新型农业经营体系是集约化、专业化、组织化和社会化四方面有机结合的产物。

（一）集约化

集约化是相对于粗放化而言的一种经营体系。新型农业经营体系将集约化作为其基本特征之一，一方面顺应了现代农业集约化发展的趋势，另一方面正是为了消除近年来部分地区农业粗放化发展的负面影响。在新型农业经营体系中，集约化包括三方面的含义：一是单位面积土地上要素投入强度的提高；二是要素投入质量的提高和投入结构的改善，特别是现代科技和人力资本、现代信息、现代服务、现代发展理念、现代装备设施等创新要素的密集投入及其对传统要素投入的替代；三是农业经营方式的改善，包括要素组合关系的优化和要素利用效率、效益的提高。农业集约化的发展，有利于增强农业产业链和价值链的创新能力，但也对农业节本增效和降低风险提出新的更高层次的要求。推进农业集约化，往往是发展内涵型农业规模经营的重要途径。

（二）专业化

专业化是相对于兼业化，特别是"小而全""小而散"的农业经营方式而言，旨在顺应发展现代农业的要求，更好地通过深化分工协作，促进现代农业的发展，提高农业的资源利用率和要素生产率。从国际经验来看，现代性的专业化实际上包括两个层面。第一，农业生产经营或服务主体的专业化。如鼓励"小而全""小而散"的农户家庭经营向专业化发展，形成"小而专、专而协"的农业经营格局。结合支持土地流转，促进农业生产经营的规模化，发展专业大户、家庭农场等，有利于促进农业生产经营的专业化。培育信息服务、农机服务等专业服务提供商，也是推进农业专业化的重要内容。第二，农业的区域专业化，如建设优势农产品产业带、产业区。从国内外经验看，农业区域专业化的发展，可以带动农业区域规模经济，是发展区域农业规模经营的重要途径。专业化的深化，有利于更好地分享分工协作效应，但也对生产和服务的社会化提出更高层次的期待。

（三）组织化

组织化主要是与分散化相对应的，包括三方面的含义：第一，新型农业生产经营主体或服务主体的发育及与此相关的农业组织创新；第二，引导农业生产经营或服务主体之间加强横向联合和合作，包括发展农民专业合作社、农民专业协会等，甚至支持发展农民专业合作社联合社、农产品行业协会；第三，顺应现代农业的发展要求，提高农业产业链的分工协作水平和纵向一体化程度。培育农业产业链核心企业对农业产业链、价值链的整合能力及其带动农业产业链、价值链升级的能力，促进涉农三次产业融合发展等，增进农业产业链不同参与者之间的合作伙伴关系，均属组织化的重要内容。

（四）社会化

社会化往往建立在专业化的基础之上。新型农业经营体系将社会化作为其基本特征之一，主要强调两个方面：一是农业发展过程的社会参与；二是农业发展成果的社会分享。农业产业链，换个角度看，也是农产品供应链和农业价值链。农业发展过程的社会参与，顺应了农业产业链一体化的趋势。近年来，随着现代农业的发展，农业产业链主要驱动力正在呈现由生产环节向加工环节以及流通等服务环节转移的趋势，农业生产性服务业对现代农业产业链的引领支撑作用也在不断增强。这些方面均是农业发展过程中社会参与程度提高的重要表现。农业发展过程的社会分享，不仅表现为农业商品化程度的提高，而且表现为随着从传统农业向现代农业的转变，农业产业链逐步升级，并与全球农业价值链有效对接。在现代农业发展中，农业产业链消费者主权的强化和产业融合关系的深化，农业产前、产后环节利益主体参与农业产业链利益分配的深化，以及农业产业链与能源产业链、金融服务链的交融渗透，都是农业发展成果社会分享程度提高的重要表现。农业发展过程社会参与和分享程度的提高，增加了提高农业组织化程度的必要性和紧迫性。因为通过提高农业组织化程度，促进新型农业生产经营主体或服务主体的成长、增进其相互之间的联合和合作等，有利于保护农业生产环节的利益，避免农业产业链的利益分配过度向加工、流通、农资供应等产前、产后环节倾斜，有利于保护农业综合生产能力和可持续发展能力。

在新型农业经营体系中，集约化、专业化、组织化和社会化强调的重点不同。集约化和专业化更多地强调微观或区域中观层面，重点在于强调农业经营方式的选择。组织化横跨微观层面和产业链中观层面，致力于提高农业产业组织的竞争力，增强农业的市场竞争力和资源要素竞争力，影响利益相关者参与农业产业链利益分配的能力。社会化主要强调宏观方面，也是现代农业产业体系运行的外在表现，其直接结果是现代农业产业体系的发育。在新型农业产业体系的运行中，集约化、专业化、组织化和社会化应该是相互作用、不可分割的，它们是支撑新型农业经营体系"大厦"的"基石"，不可或缺。

第二节　农业经营主体

一、专业大户

（一）专业大户的内涵

1. 大户

在认识专业大户之前，先了解一下"大户"的定义。"大户"原指有技术、会经营，勤劳致富的人家。这些人家与农业联系后，大户的定义就超出了原来的定义范围，其农业经营形式更加广泛。

目前，人们对"大户"的称呼或提法不尽相同，大体有以下几种：一是龙头企业，一般是指以从事农副产品加工和农产品运销为主的大户；二是庄园经济，一般是指丘陵山区专业化种养大户和"四荒"治理大户；三是产业大户，主要是指通过"四荒"开发形成主导产业，进行综合经营的大户；四是农业经营大户，泛指从事种植、养殖、加工、销售、林业、水产生产经营的大户；五是农业产业化经营大户，与第四种提法基本相同。比较而言，"大户"的提法，其涵盖面广，符合现代经营的概念，贴切事物的本质。这里有一个龙头企业与"大户"两个提法的关系问题。往往有人提问："大户"不就是龙头企业吗？可以说，"大户"都是"龙头"，但"龙头"不一定都是企业。农业产业化经营中的龙头企业，一般都是农副产品加工和运销企业，而"大户"包括种植、养殖、加工、销售各类经营大户，其中有的还没有升级为企业，有的原本就是注册企业。所以，是不是企业，并非"大户"的一般标准，而是"大户"发展过程中的一个较高阶段的标志。农业产业化经营中的龙头企业是"大户"的一种高级形式。辨别"大户"的主要标准，要看它是否具有示范、组织和带动功能。

2. 专业大户

专业大户是新型农业经营主体的一种形式，承担着农产品生产尤其是商品生产的功能，以及发挥规模农户的示范效应，向注重引导其向采用先进科技和生产手段的方向转变，增加技术、资本等生产要素投入，着力提高集约化水平。

专业大户包括种养大户、农机大户等。种养大户，通常指那些种植或养殖生产规模明显大于当地传统农户的专业化农户，是指以农业某一产业的专业化生产为主，初步实现规模经营的农户。农机大户是指有一定经济实力、在村中有一定威望和影响，并有一定农机化基础和农机运用管理经验的农机户。

3. 专业大户的特点

专业大户的特点一般表现为：自筹资金的能力较强，能吸引城镇工商企业积累和居民储蓄投入农业开发；产业选定和产品定位符合市场需求；有适度的经营规模；采用新的生产经营方式，能组织和带动农民增收致富；生产产品的科技含量较高；产品的销售渠道较稳定，有一定的市场竞争力。

与传统分散的一家一户经营方式相比，专业大户规模化、集约化、产业化程度高，在提高农民专业化程度、建设现代农业、促进农民增收等方面发挥的作用日益显现，为现代农业发展和农业经营体制创新注入了新活力。专业大户凭借较大的经营规模、较强的生产能力和较高的综合效益，成为现代农业的一支生力军。

（二）专业大户的标准

目前，国家还没有专业大户的评定标准。各地各行业的认定标准都是根据本地实际来制定的，具有一定的差别。但是划定"专业大户"的依据是相同的，主要看其规模，其计量单位分别是：种植大户以亩数计，养殖大户以头数计，农产品加工大户以投资额计，"四荒"开发大户以亩数计。这样划定既是必要的，又是可行的。以下列举河北省唐山市和江西省赣州市对专业大户所做的统计标准。

1. 唐山市专业大户标准

● 粮棉油种植大户。规模标准：经营耕地面积 666 000 平方米以上。生产标准：耕种收全部实现机械化，标准化生产和高产栽培技术应用面积、作物优种率均达到100%，有仓储设备设施，商品粮率 85% 以上。质量安全标准：使用有机肥等生物质肥料，无公害、绿色、有机生产面积占播种面积 80% 以上，农产品质量符合国家质量标准。

● 蔬菜种植（食用菌栽培）大户。规模标准：露地蔬菜集中成片经营面积 33 300 平方米以上，设施棚室蔬菜集中成片经营 2 万平方米以上，食用菌年栽培规模 10 000～50 000 袋。质量安全标准：按照无公害、绿色、有机生产技术规程实行标准化生产，产地环境检测合格，产品符合无公害、绿色或有机食品要求。

● 畜牧业养殖大户。规模标准：生猪常年存栏 1 000 头以上，奶牛存栏 300 头以上，蛋鸡存栏 1 万只以上，肉鸡年出栏 5 万只以上，肉牛年出栏 500 头以上，肉羊年出栏 500 只以上。生产标准：取得动物防疫条件合格证、畜禽养殖代码证，在县（市）区畜牧兽医行政主管部门备案，按照有关要求建立规范的养殖档案。质量安全标准：场区有污染治理措施，完成农牧、环保的节能减排改造。

● 水产养殖大户。规模标准：建成池塘养殖面积 39 960 平方米以上；温棚、工厂化车间等养殖设施面积 3 000 平方米以上；海水标准化深水网箱养殖 200 箱或 3 000 平方米以上；其他养殖方式水产品年产量 200 吨以上。生产标准：持有水域滩涂养殖证，工厂化养殖场同时有土地使用证或土地租赁合同；全程无使用禁用药品行为；生产操作规范化，有水产养殖生产、用药和水产品销售记录；名特优养殖品种率 70% 以上。

● 农机大户。拥有 80 千瓦以上大中型动力机械和配套机具，固定资产总值 20 万元以上，从事农机作业社会化服务，年农机服务纯收入 5 万元以上，农机服务纯收入占家庭年纯收入 50% 以上；农业机械科技含量高、能耗低。

● 造林大户。规模标准：山区造林面积不少于 399 600 平方米，平原造林面积不少于 240 000 平方米。工程造林苗木栽培面积不少于 133 200 平方米，园林绿化苗木栽培面积不少于 66 600 平方米，设施花卉栽培净面积不少于 7 000 平方米。

● 果品大户。规模标准：水果栽培面积不少于 33 300 平方米，干果栽培面积不少于 66 600 平方米，设施果品栽培净面积不少于 7 000 平方米。栽培管理标准。按照无公害、绿色或有机果品生产方式组织生产。

2. 赣州市专业大户标准

对各类农业种养大户的认定，赣州市确定了相关标准。

● 种粮大户。年内单季种植粮食（水稻）面积 66 600 平方米以上。

● 经济作物种植大户。果树种植大户，种植经营果园面积 66 600 平方米以上；蔬菜种植大户，年内种植蔬菜面积 13 320 平方米以上，且当年种植两季以上；白莲种植大户，年内种植白莲面积 13 320 平方米以上；西瓜种植大户，年内种植西瓜面积 13 320 平方米以上；食用菌种植大户，年内种植食用菌 10 万袋以上；茶叶种植大户，种植茶叶面积 33 300 平方米以上。

● 畜禽养殖大户。生猪养殖大户,生猪年出栏 500 头以上;肉牛养殖大户,肉牛年出栏 50 头以上;奶牛养殖大户,奶牛存栏 10 头以上;养羊大户,羊年出栏 300 只以上;肉用家禽养殖大户,肉鸡年出栏 5 000 羽以上、肉鸭年出栏 5 000 羽以上、肉鹅年出栏 2 000 羽以上;蛋用家禽养殖大户,蛋用家禽存栏 1 000 羽以上;养兔大户,肉兔出栏 3 000 只以上;养蜂大户,养蜂箱数 50 箱以上。

● 水产养殖大户。一般水产池(山)塘养殖水面面积 13 320 平方米以上,年总产量 20 吨以上,年总产值 20 万元以上;特种水产池(山)塘养殖面积 6 660 平方米以上,年总产量 2.5 吨以上,年总产值 20 万元以上。

(三)专业大户的功能

专业大户是规模化经营主体的一种形式,承担着农产品生产尤其是商品生产的功能,以及发挥规模农户的示范效应,向注重引导其向采用先进科技和生产手段的方向转变,增加技术、资本等生产要素投入,着力提高集约化水平。

二、家庭农场

(一)家庭农场的内涵

家庭农场是指在家庭联产承包责任制的基础上,以农民家庭成员为主要劳动力,运用现代农业生产方式,在农村土地上进行规模化、标准化、商品化农业生产,并以农业经营收入为家庭主要收入来源的新型农业经营主体。一般都是独立的市场法人。

中央一号文件提出,鼓励和支持承包土地向专业大户、家庭农场、农民合作社流转,发展多种形式的适度规模经营。这也是"家庭农场"概念首次出现在中央一号文件中。因此,积极发展家庭农场,是培育新型农业经营主体,进行新农村经济建设的重要一环。家庭农场的重要意义在于:随着我国工业化和城镇化的快速发展,农村经济结构发生了巨大变化,农村劳动力大规模转移,部分农村出现了弃耕、休耕现象。一家一户的小规模农业经营,已突显出不利于当前农业生产力发展的现实状况。为进一步发展现代农业,农村涌现出了农业合作组织、家庭农场、种植大户、集体经营等不同的经营模式,并且各自的效果逐渐显现出来。尤其是发展家庭农场的意义更为突出。家庭农场的意义具体表现在四方面。一是有利于激发农业生产活力。通过发展家庭农场可以加速农村土地合理流转,减少了弃耕和休耕现象,提高了农村土地利用率和经营效率。同时,也能够有效解决目前农村家庭承包经营效率低、规模小、管理散的问题。二是有利于农业科技的推广应用。通过家庭农场适度的规模经营,能够机智灵活地应用先进的机械设备、信息技术和生产手段,大大提高农业科技新成果集成开发和新技术的推广应用，并在很大程度上能够降低生产成本投入，大幅提高农业生产能力，加快传统农业向现代农业的有效转变。三是有利于农业产业结构调整。通过专业化生产和集约化经营，发展高效特色农业，可较好地解决一般农户在结构调整中不敢调、不会调的问题。四是有利于保障农产品质量安全。家庭农场有一定的规模，并进行了工商登记，更加注重品牌意识和农产品安全，农产品质量将得到有效保障。

（二）家庭农场的特征

目前，我国家庭农场虽然起步时间不长，还缺乏比较清晰的定义和准确的界定标准，但是一般来说家庭农场具有以下特征：

1. 家庭经营。家庭农场是在家庭承包经营基础上发展起来的，它保留了家庭承包经营的传统优势，同时又吸纳了现代农业要素。经营单位的主体仍然是家庭，家庭农场主仍是所有者、劳动者和经营者的统一体。因此，可以说家庭农场是完善家庭承包经营的有效途径，是对家庭承包经营制度的发展和完善。

2. 适度规模。家庭农场是一种适应土地流转与适度规模经营的组织形式，是对农村土地流转制度的创新。家庭农场必须达到一定的规模，才能够融合现代农业生产要素，具备产业化经营的特征。同时，由于家庭仍旧是经营主体，受资源动员能力、经营管理能力和风险防范能力的限制，使得经营规模必须处在可控的范围内，不能太少也不能太多，表现出了适度规模性。

3. 市场化经营。为了增加收益和规避风险，农户的一个突出特征就是同时从事市场性和非市场性农业生产活动。市场化程度的不统一与不均衡是农户的突出特点。而家庭农场则是通过提高市场化程度和商品化水平，不考虑生计层次的均衡，而是以营利为根本目的的经济组织。市场化经营成为家庭农场经营与农户家庭经营的区别标志。

4. 企业化管理。根据家庭农场的定义，家庭农场是经过登记注册的法人组织。农场主首先是经营管理者，其次才是生产劳动者。从企业成长理论来看，家庭农户与家庭农场的区别在于，农场主是否具有协调与管理资源的能力。因此，家庭农场的基本特征之一，就是以现代企业标准化管理方式从事农业生产经营。

（三）家庭农场的功能

家庭农场的功能与专业大户基本一样，承担着农产品生产尤其是商品生产的功能，以及发挥规模农户的示范效应，引导向采用先进科技知识和生产手段的方向转变，增加技术、资本等生产要素投入，着力提高集约化水平。

三、农业龙头企业

(一) 农业产业化

1. 农业产业化的概念。农业产业化是指在市场经济条件下，以经济利益为目标，将农产品生产、加工和销售等不同环境的主体联结起来，实行农工商、产供销的一体化、专业化、规模化、商品化经营。农业产业化促进传统农业向现代农业转变，能够解决当前一系列农业经营和农村经济深层次的问题和矛盾。

2. 农业产业化的要素。

● 市场是导向。市场是导向，也是起点和前提。发展龙型经济必须把产品推向市场，占领市场，这是形成龙型经济的首要前提，市场是制约龙型经济发展的主要因素。农户通过多种措施，使自己的产品通过龙型产业在市场上实现其价值，真正成为市场活动的主体。为此，要建设好地方市场，开拓外地市场。地方市场要与发展龙型产业相结合，有一个龙型产业，就建设和发展一个批发或专业市场，并创造条件，使之向更高层次发展；建设好一个市场就能带动一批产业的兴起，达到产销相互促进，共同发展。同时要积极开拓境外市场和国际市场，充分发挥优势产品和地区资源优势。

● 中介组织是连接农户与市场的纽带和桥梁。中介组织的形式是多样的。龙头企业是主要形式，在经济发达地区龙头企业可追求"高、大、外、深、强"。在经济欠发达地区，可适合"低、小、内、粗"企业。除此以外，还有农民专业协会、农民自办流通组织。

● 农户是农业产业化的主体。在农业生产经营领域之内，农户的家庭经营使农业生产和经营管理两种职能合为农户的家庭之内，管理费用少，生产管理责任心强，最适合农业生产经营的特点，初级农产品经过加工流通后在市场上销售可得到较高的利润。当前，在市场经济条件下，亿万农民不但成为农业生产的主体，而且成为经营主体。现在农村问题不在家庭经营上，而是市场主体的农户在走向市场过程中遇到阻力，亿万农民与大市场连接遇到困难。此时各种中介组织，帮助农民与市场联系起来。农户即是农业产业化的基础，又是农业产业化的主体。他们利用股份合作制多种形式，创办加工、流通、科技各类中介组织，使农产品的产加销、贸工农环节连接起来，形成大规模产业群并拉长产业链，实现农产品深度开发，多层次转化增值，不断推进农业产业化向深度发展。

● 规模化是基础。从一定意义上讲，龙型经济是规模经济，只有规模生产，才有利于利用先进技术，产生技术效益；只有规模生产，才有大量优质产品。提高市场竞争力，才能占领市场。形成规模经济，要靠龙头带基地，基地连农户，主要是公司与农户形成利益均等，风险共担的经济共同体，使农户与公司建立比较稳定的协作关系。公司保证相应的配套服务，农民种植有指导，生产过程有服务，销售产品有保证，农民生产减少市场风险，使得农户间竞争变成了规模联合优势，实现了公司、农户效益双丰收。

3. 农业产业化的基本特征。农业产业化经营作为把农产品生产、加工、销售诸环节联结成完整的农业产业链的一种经营体制，与传统封闭的农业生产方式和经营方式相比，农业产业化有以下基本特征。

• 产业专业化。农业产业化经营把农产品生产、加工、销售等环节联结为一个完整的产业体系，这就要求农产品生产、加工、销售等环节实行分工分业和专业化生产；农业产业化经营以规模化的农产品基地为基础，这就要求农业生产实行区域化布局和专业化生产；农业产业化经营以基地农户增加收入和持续生产为保障，这就要求农户生产实行规模化经营和专业化生产。只有做到每类主体的专业化、每个环节的专业化和每块区域的专业化，农业产业化经营的格局才能形成，更大范围的农业专业化分工与社会化协作的格局才能形成。

• 产业一体化。农业产业化经营是通过多种形式的联合与合作，形成市场牵龙头、龙头带基地、基地连农户的贸工农一体化经营方式。这种经营方式既使千家万户"小生产"和千变万化的"大市场"联系起来，又使城市和乡村、工业和农业联结起来，还使外部经济内部化，从而使农业能适应市场需求、提高产业层次、降低交易成本、提高经济效益。

• 管理企业化。农业产业化经营把农业生产当作农业产业链的"第一车间"来进行科学管理，这既能使分散的农户生产及其产品逐步走向规范化和标准化，又能及时组织生产资料供应和全程社会化服务，还能使农产品在产后进行筛选、储存、加工和销售。

• 服务社会化。农业产业化经营各个环节的专业化，使得龙头组织、社会中介组织和科技机构能够对产业化经营体内部各组成部分提供产前、产中、产后的信息，技术、经营、管理等全方位的服务，促进各种生产要素直接、紧密、有效地结合。

（二）农业产业化龙头企业

1. 产业化龙头企业的概念。农业产业化龙头企业是指以农产品生产、加工或流通为主，通过订单合同、合作方式等各种利益联结机制与农户相互联系，带动农户进入市场，实现产供销、贸工农一体化，使农产品生产、加工、销售有机结合、相互促进，具有开拓市场、促进农民增收、带动相关产业等作用，在规模和经营指标方面达到规定标准并经过政府有关部门认定的企业。

2. 农业产业化龙头企业的优势。农业产业化龙头企业弥补了农户分散经营的劣势，将农户分散经营与社会化大市场有效对接，利用企业优势进行农产品加工和市场营销，增加了农产品的附加值，弥补了农户生产规模小、竞争力有限的不足，延长了农业产业链条，改变了农产品直接进入市场、农产品附加值较低的局面。农业产业化还将技术服务、市场信息和销售渠道带给农户，提高了农产品精深加工水平和科技含量，提高了农产品市场开拓能力，减小了经营风险，提供了生产销售的通畅渠道，通过解决农产品销售问题刺激了种植业和养殖业的发展，提升了农产品竞争力。

农业产业化龙头企业能够适应复杂多变的市场环境，具有较为雄厚的资金、技术和人才优势。龙头企业改变了传统农业生产自给自足的落后局面，用工业发展理念经营农业，加强了专业分工和市场意识，为农户农业生产的各个环节提供一条龙服务，为农户提供生产技术、金融服务、人才培训、农资服务、品牌宣传等生产性服务，实现了企业与农户之间的利益联结，能够显著提高农业的经济效益，促进农业可持续发展。

农业产业化龙头企业的发展有利于促进农民增收。一方面，龙头企业通过收购农产品直接带动农民增收，企业与农户建立契约关系，成为利益共同体，向农民提供必要的生产技术指导。提高农业生产的标准化水平，促进农产品质量和产量的提升。保证了农民的生产销售收入，同时也增强了我国农产品的国际竞争力，创造了更多的市场需求。农户还可以以资金等多种要素的形式入股农业产业化龙头企业，获得企业分红，鼓励团队合作，促进农户之间的相互监督和良性竞争。另一方面，农业产业化龙头企业的发展创造了大量的劳动就业岗位，释放了农村劳动力，解决了部分农村劳动力的就业问题。

农业产业化龙头企业的发展提高了农业产业化水平，促进了农产品产供销一体化经营。通过技术创新和农产品深加工，提高资源的利用效率，提高了农产品质量，解决了农产品难卖的问题。改造了传统农业，促进大产业、大基地和大市场的形成，形成从资源开发到高附加值的良性循环，提升了农业产业竞争力，起到了农产品结构调整的示范作用和市场开发的辐射作用，带动农户走向农业现代化。

农业产业化龙头企业是农村的有机组成部分，具有一定的社会责任。龙头企业参与农村村庄规划，配合农村建设，合理规划生产区、技术示范区、生活区、公共设施等区域，并且制定必要的环保标准，推广节能环保的设施建设。龙头企业培养企业的核心竞争力，增强抗风险能力，在形成完全的公司化管理后，还可以将农民纳入社会保障体系，维护了农村社会的稳定发展。

3. 农业产业化龙头企业标准。农业产业化龙头企业包括国家级、省级和市级等，分别有一定的标准。

①农业产业化国家级龙头企业标准。农业产业化国家级龙头企业是指以农产品加工或流通为主，通过各种利益联结机制与农户相联系，带动农户进入市场，使农产品生产、加工、销售有机结合、相互促进，在规模和经营指标上达到规定标准并经全国农业产业化联席会议认定的企业。农业产业化国家级龙头企业必须达到以下标准：

● 企业组织形式。依法设立的以农产品生产、加工或流通为主业、具有独立法人资格的企业。企业组织形式包括依照《公司法》设立的公司，其他形式的国有、集体、私营企业以及中外合资经营、中外合作经营、外商独资企业，直接在市场监督管理部门注册登记的农产品专业批发市场等。

● 企业经营的产品。企业中农产品生产、加工、流通的销售收入（交易额）占总销售收入（总交易额）70%以上。

● 生产、加工、流通企业规模。总资产规模：东部地区 1.5 亿元以上，中部地区 1 亿元以上，西部地区 5 000 万元以上；固定资产规模：东部地区 5 000 万元以上，中部地区 3 000 万元以上，西部地区 2 000 万元以上；年销售收入：东部地区 2 亿元以上，中部地区 1.3 亿元以上，西部地区 6 000 万元以上。

● 农产品专业批发市场年交易规模：东部地区 15 亿元以上，中部地区 10 亿元以上，西部地区 8 亿元以上。

● 企业效益。企业的总资产报酬率应高于现行一年期银行贷款基准利率；企业应不欠工资、不欠社会保险金、不欠折旧，无涉税违法行为，产销率达 93%以上。

● 企业负债与信用。企业资产负债率一般应低于 60%；有银行贷款的企业，近 2 年内不得有不良信用记录。

● 企业带动能力。鼓励龙头企业通过农民专业合作社、专业大户直接带动农户。通过建立合同、合作、股份合作等利益联结方式带动农户的数量一般应达到：东部地区 4 000户以上，中部地区 3500 户以上，西部地区 1 500 户以上。企业从事农产品生产、加工、流通过程中，通过合同、合作和股份合作方式从农民、合作社或自建基地直接采购的原料或购进的货物占所需原料量或所销售货物量的 70%以上。

● 企业产品竞争力。在同行业中企业的产品质量、产品科技含量、新产品开发能力处于领先水平，企业有注册商标和品牌。产品符合国家产业政策、环保政策，并获得相关质量管理标准体系认证，近 2 年内没有发生产品质量安全事件。

② 农业产业化省级龙头企业标准。农业产业化省级龙头企业是指以农产品加工或流通为主，通过各种利益联结机制与农户相联系，带动农户进入市场，使农产品生产、加工、销售有机结合、相互促进，在规模和经营指标上达到规定标准，经省人民政府审定的企业。不同的省，设定的标准有所区别。以湖南省为例，湖南省农业产业化省级龙头企业必须达到以下标准：

● 企业组织形式。依法设立的以农产品加工或流通为主业、具有独立法人资格的企业。包括依照《公司法》设立的公司，其他形式的国有、集体、私营企业以及中外合资经营、中外合作经营、外商独资企业，直接在市场监督管理部门登记开办的农产品专业批发市场等。

● 企业经营的产品。企业中农产品加工、流通的增加值占总增加值 70%以上。

● 加工、流通企业规模。总资产 5 000 万元以上；固定资产 2 000 万元以上；年销售收入 7 000 万元以上。

- 农产品专业批发市场年交易 30 亿元以上。

- 企业效益。企业的总资产报酬率应高于同期银行贷款利率；企业应不欠税、不欠工资、不欠社会保险金、不欠折旧，不亏损。

- 企业负债与信用。企业资产负债率一般应低于 60%；企业银行信用等级在 A 级以上（含 A 级）。

- 企业带动能力。通过建立可靠、稳定的利益联结机制带动农户（特种养殖业和农垦企业除外）的数量一般应达到 3 000 户以上；企业从事农产品加工、流通过程中，通过订立合同、入股和合作方式采购的原料或购进的货物占所需原料量或所销售货物量的 70% 以上。

- 企业产品竞争力。在同行业中企业的产品质量、产品科技含量、新产品开发能力居领先水平，主营产品符合国家产业政策、环保政策和质量管理标准体系，产销率达 93% 以上。

③农业产业化市级龙头企业标准。市级农业产业化重点龙头企业是指以农产品生产、加工、流通以及农业新型业态为主业，通过各种利益联结机制，带动其他相关产业和新型农业经营主体发展，促进当地农业主导产业壮大，促进农民增收，经营规模、经济效益、带动能力等各项指标达到市级龙头企业认定和监测标准，并经市人民政府认定的企业。

不同的市也有不同的认定标准，以河北省唐山市为例，农业产业化市级龙头企业应达到如下标准。

- 企业组织形式。在各级市场监管部门注册，具有独立法人资格的企业，包括依照《公司法》设立的公司，其他形式的国有、集体、私营企业以及中外合资经营、中外合作经营、外商独资企业，农产品专业批发市场等。

- 企业经营的产品。以农产品生产、加工、流通以及农业休闲采摘、观光旅游等新型业态为主业，且主营收入占企业总收入的 70% 以上。

- 企业规模。不同类型的企业须分别达到以下规模：

a. 生产型龙头企业。总资产 1 000 万元以上，固定资产 500 万元以上，年销售收入在 1 000 万元以上。

b. 加工型龙头企业。总资产 2 000 万元以上，固定资产 1 000 万元以上，年销售收入在 2 000 万元以上。

c. 流通型龙头企业。农产品专业批发市场年交易规模在 1 亿元以上；电子商务类等其他流通类龙头企业年销售收入在 1 000 万元以上。

d. 融合发展型龙头企业。总资产 1 000 万元以上，固定资产 500 万元以上，年销售收入在 1 000 万元以上。

融合发展型龙头企业指农业各产业环节相互连接的产业链型企业，或以农业为基础发展农产品加工、休闲旅游观光等产业的龙头企业。

● 企业效益。企业连续 2 年生产经营正常且不出现亏损，总资产报酬率应高于同期一年期央行贷款基准利率。

● 企业负债与信用。企业产权清晰，资产结构合理，资产负债率原则上要低于 60%。企业守法经营，无涉税违法问题，不拖欠工人工资，市场监管、税务、财政、金融、司法、环保等部门征信及管理系统记录良好。企业诚信、声誉、美誉度较高。

● 企业带动能力。生产型企业通过订立合同、入股和合作等方式，直接带动农户 100 户以上，间接带动农户达到 1 000 户以上；加工型企业通过建立稳定的利益联结机制，直接带动相关农业企业、合作社、家庭农场、专业大户等新型农业经营主体 5 家以上，直接和间接带动农户达到 1 000 户以上；流通型企业间接带动农户达到 3 000 户以上；融合发展型企业直接带动农户 100 户以上，间接带动达到 1 000 户以上。

● 企业产品竞争力。在同行业中企业的产品质量、产品科技含量、新产品开发能力居先进水平，主营产品符合国家产业政策、环保标准和质量管理标准要求。近 2 年内未发生重大环境污染事故、无重大产品质量安全事件。主营产品产销率达 90% 以上。

● 商标品牌。企业产品注册商标，实行标准化生产管理，获得 GAP、ISO、HACCP 等国际国内标准体系认证、出口产品注册、各级名牌（商标）认定，或通过无公害农产品、绿色食品、有机食品认证等。

（四） 龙头企业的功能定位

在某个行业中，对同行业的其他企业具有很深的影响、号召力和一定的示范、引导作用，并对该地区、该行业或者国家做出突出贡献的企业，被称为龙头企业。龙头企业产权关系明晰、治理结构完善、管理效率较高，在高端农产品生产方面有显著的引导示范效应。当前，有近九成的国家重点龙头企业建有专门的研发中心。省级以上龙头企业中，来自订单和自建基地的采购额占农产品原料采购总额的三分之二，获得省级以上名牌产品和著名商标的产品超过 50%，"微笑曲线"的弯曲度越来越大，不断向农业产业价值链的高端跃升。

四、新型农业经营主体间的联系与区别

（一） 新型农业经营主体之间的联系

专业大户、家庭农场、农民合作社和农业龙头企业是新型农业经营体系的骨干力量，

是在坚持以家庭承包经营为基础上的创新，是现代农业建设，保障国家粮食安全和重要农产品有效供给的重要主体。随着农民进城落户步伐加快及土地流转速度加快、流转面积的增加，专业大户和家庭农场有很大的发展空间，或将成为职业农民的中坚力量，将形成以种养大户和家庭农场为基础，以农民合作社、龙头企业和各类经营性服务组织为支持，多种生产经营组织共同协作、相互融合，具有中国特色的新型经营体系，推动传统农业向现代农业转变。

专业大户、家庭农场、农民合作社和农业龙头企业，他们之间在利益联结等方面有着密切的联系，紧密程度视利益链的长短，形式多样。例如：专业大户、家庭农场为了扩大种植影响，增强市场上的话语权，牵头组建"农民合作社+专业大户+农户""农民合作社+家庭农场+专业大户+农户"等形式的合作社，这种形式在各地都占有很大比例，甚至在一些地区已成为合作社的主要形式；农业龙头企业为了保障有稳定的、质优价廉原料供应，组建"龙头企业+家庭农场+农户""龙头企业+家庭农场+专业大户+农户""龙头企业+合作社+家庭农场+专业大户+农户"等形式的农民合作社。但是他们之间也有不同之处。

（二）新型农业经营主体之间的区别

新型农业经营主体主要指标，如表 5-1 所示。

表 5-1　新型农业经营主体主要指标对照表

类型	领办人身份	雇工	其他
种养大户	没有限制	没有限制	规模要求
家庭农场	农民+其他长期从事农业生产的人员	雇工不超过家庭劳力数	规模要求、收入要求
龙头企业	没有要求	没有限制	注册资金要求

第三节　推进新型农业经营主体建设

一、以新理念引领新型农业经营主体

目前，我国农业经营主体是专业大户、家庭农场、农业企业等多元经营主体共存。在此基础上培育新型农业经营主体，发展适度规模经营，构建多元复合、功能互补、配套协作的新机制，必须遵循融合、共享、开放等新发展理念。

不同经营主体具有不同功能、不同作用，融合发展可以实现优势和效率的倍增。既要鼓励发挥各自的独特作用，又要引导各主体相互融合，积极培育和发展家庭农场联盟、合作社联合社、产业化联合体等。比如，四川简阳生猪养殖就推行了"六方合作"，即养猪户、合作社、保险公司、金融机构、买猪方、政府六方共同合作，把畜牧产业链条上各主体、各要素紧密串联，实现了多方共赢。安徽、河北等地也在探索发展农业产业化联合体，他们以龙头企业为核心、农民合作社为纽带、家庭农场和专业大户为基础，双方、多方或全体协商达成契约约定，形成了更加紧密、更加稳定的新型组织联盟。各主体分工协作、相互制约、形成合力，实现经营的专业化、标准化，以及产出的规模化和共同利益的最大化，是实现第一、第二、第三产业融合发展的有效形式。

农民的钱袋子是否鼓起来，是检验新型农业经营主体发展成效的重要标准。一定要避免强者越强、弱者越弱，主体富了、农民依然原地踏步的情况发生。特别是在企业与农民的合作与联合中，一定要建立共享机制，促进要素资源互联互通，密切企业与农民、合作社与合作社、企业与家庭农场、企业与合作社等之间的合作，从简单的买卖、雇佣、租赁行为，逐步向保底收购、合作、股份合作、交叉持股等紧密关系转变，形成利益共同体、责任共同体和命运共同体。

开放是大势所趋，是农业农村改革发展的活力所在。建设现代农业，要把握好国内国际两个市场，畅通市场渠道，以更加开放、包容的姿态迎接各类有利资源要素。在土地流转、农地经营、农业生产服务、农产品加工营销等方面，应鼓励多元主体积极参与，以市场为导向，一视同仁，公平竞争，做到农地农用、新型经营主体用、新型职业农民用、新农人用。土地流转可以跨主体进行，实现资源优化配置。农业社会化服务可以跨区域展开，实现降成本、增效益的目的。城市工商资本按照有关规定可以流转土地参与农业经营，引领现代农业发展趋势，电子商务等IT企业也可以发展生鲜电商、智慧农业等，培育新业态，发展新产业。同时，各类新型主体都要严守政策底线和红线，不得改变土地集体所有性质，不得改变土地农业用途，不得损害农民土地承包权益。

二、搞好新型农业经营主体规范化建设

规模是规范的基础，规范是质量和声誉的保障。经过多年来的自我发育和政策支持，各类新型农业经营主体蓬勃发展，总体数量和规模不断扩大，新型农业经营主体成为建设现代农业的骨干力量。现存的问题是，这些主体规范化程度不高，有的是"空壳子"，长期休眠不生产经营；有的是"挂牌子"，一个主体、几块牌子，既是家庭农场、合作社，又是龙头企业，搞得"四不像"；有的没有过硬的技术，没有明确的发展目标，没有拿得出手的产品，这些都影响了新型农业经营主体的整体质量和外在形象。要把规范化建设作为促进新型农业经营主体可持续发展的"生命线"，把规范和质量摆在更重要的位置。

（一）家庭农场要还原本质特征

家庭农场的本源是家庭经营，是指夫妇双方和子女的核心家庭，不能泛化。家庭农场的本质内涵是家庭经营、规模适度、一业为主、集约生产，每句话都有不同含义。

1. 家庭经营：现阶段，从全球范围看，所谓家庭农场应是核心家庭的劳动力经营，是经营者的自耕，不能将所经营的土地再转包、转租给第三方经营。要积极倡导独户农场，而不应将雇工农场、合伙农场、兼业农场、企业农场等作为规范化、示范性农场。农忙时可以雇短工，可以有 1～2 个辅助经营者，但核心家庭成员的劳动和劳动时间占比一定要达到 60% 以上。

2. 规模适度：家庭经营的上述特征决定了只能发展适度规模经营，动辄几千亩、上万亩土地的经营规模反过来会导致报酬递减。我们提倡的家庭农场土地平均规模是当地农户平均规模的 10～15 倍，就是这个道理。

3. 一业为主：家庭农场要规避低效率的小而全、大而全的生产经营方式，根据自身的能力和职业素质，选择主导产业，依托社会化服务，实现标准化、专业化生产，才能更充分体现家庭农场经营的优越性。

4. 集约生产：家庭农场最重要的内涵是使其劳动力与其他资源要素的配置效率达到最优，最大限度地发挥规模经营效益和家庭经营优势。因此，家庭农场要秉承科技创新理念，在生产的全过程，节约资源投入，科学经营产业，降低生产成本，提升产品质量和效益，实现可持续发展。

（二）龙头企业要发挥作用

龙头企业与一般企业的本质区别，就在于要带动农民发展，通过建立利益联结机制，让农民分享产业链的增值收益。这也是中央扶持龙头企业的重要原因。龙头企业必须坚持服务农民、帮助农民、富裕农民的原则，在自愿平等互利的基础上，规范发展订单农业，为农户提供质优价廉的生产服务，吸引农民以多种形式入股，形成经济共同体、责任共同体和命运共同体。

（三）对于工商资本进入农业要规范引导

正面看待工商资本进入农业的积极性和取得的显著成效，鼓励和支持城市工商资本进入农村、投资农业，重点从事农户和农民合作社干不了、干不好、干不起来的领域，如种养业产前产后服务、设施农业、规模化养殖和"四荒"资源开发等产业，种苗、饲料、储藏、保鲜、加工、购销等环节，发展农业产业化经营，与农民实现共生、共舞、共赢。同时，要加强监管和风险防范，坚决制止个别工商资本以搞农业为名、行圈地之实。不提倡工商企业长时间、大面积租赁农户承包地，加强事前审查、事中监管、事后查处和风险防范。坚持保护农民利益，对非法挤占农民利益，甚至坑农害农的行为，要严肃查处，追究责任。

第六章 农业经济的管理

第一节 农业劳动力资源与管理

一、农业劳动力资源概述

农业劳动力资源是农业生产的主体，研究农业劳动力资源管理，要从其概念和特点出发，探索进行有效管理和合理利用的途径。

（一）农业劳动力资源的内涵

1. 农业劳动力资源的概念

农业劳动力资源是指能够直接或间接参加和从事农业生产劳动的劳动力数量和质量的总和。我国规定，农村中男性 16～59 岁、女性 16～54 岁，具有正常的生产劳动能力的人为农业劳动力。但从我国农业生产的实际情况来看，许多从事农业生产劳动的农民已经超过了这个年龄范围，因此应该从农业生产的实际情况出发来界定其范围。农业劳动力资源包括数量和质量两个方面。

2. 农业劳动力资源的数量

农业劳动力资源的数量是指农村中已经达到劳动年龄和虽未达到或已经超过劳动年龄但仍实际参加农业生产劳动的人数。农业劳动力资源的数量主要由两个基本因素决定，即自然因素和社会因素。其中，自然因素由自然规律决定，包括农业人口的自然增长率、达到或超过劳动年龄的人数以及原有劳动力的自然减员，是引起劳动力资源数量变动的主要因素。社会因素主要包括经济社会发展程度、国家所采取的人口政策与措施、劳动力资源在各产业部分的分配比例以及农村福利政策和妇女的解放程度等。

3. 农业劳动力资源的质量

农业劳动力资源的质量是指劳动者的身体素质和智力水平，其中前者主要指劳动者的体力强弱，后者包括劳动者的科学文化水平、劳动技术水平、生产熟练程度等因素。农业劳动力资源的质量变化，主要受农村教育发展和智力开发、农村医疗卫生条件以及农业现代化水平等因素的影响。在传统农业生产条件下，农业劳动者身体素质是衡量农业劳动力资源质量的主要因素。随着农业生产力的发展，农业生产转向以机械操作为主，农业科技推广应用迅速发展，科技水平不断提高，农业劳动者智力水平逐渐成为衡量农业劳动力资源质量的重要指标。

（二）农业劳动力资源的特征

劳动力资源是农业生产的重要资源之一，与土地资源、水资源等农业自然资源和农业生产资金相比，它具有以下特征：

1. 农业劳动力资源的可再生性

由于人类的繁衍、进化，劳动力资源在人类的新老生死交替中不断得到补充，使人类改造自然的活动不断延续下去。因此，从整体上看，农业劳动力资源是一种永续性资源，只要使用得当，可以不断地得到恢复和补充。这一特点决定了农业劳动力资源开发的连续性，一代人改造自然的过程直接影响着下一代人甚至几代人改造自然的过程和结果。这就要求在开发和利用劳动力资源的过程中，必须有长远的统筹安排，把提高农业劳动力资源的整体素质和发展农业生产力紧密结合在一起，保证农业再生产顺利进行。

2. 农业劳动力资源需求的季节性

农业生产受自然条件的影响较大，有明显的季节性，导致农业劳动力资源需求的季节性差异十分明显。不同季节的农业劳动项目、劳动量、劳动紧张程度存在很大差异，农忙时需要大量的劳动力，农闲时则会出现劳动力的相对过剩和闲置。而劳动力资源的服务能力（即劳动能力）无法储藏，在某一时期不予以利用，就会自行消失，不能存贮待用。这就要求农业生产实行专业化生产和多种经营相结合，对农业劳动力资源合理安排、有效利用。

3. 劳动力素质的差异性

劳动力素质的差异性主要表现为农业劳动者的健康状况、文化知识水平和劳动技术熟练程度等方面的内在差异，它是由社会经济条件和劳动者的主观能动性所决定的。农业劳动者素质水平的高低，不仅影响到农业生产工作完成的质量与效率，而且还会影响农业生产中某些复杂工种的执行能力。农业劳动者素质的提高，需要有发达的社会经济条件作为物质基础。

4. 农业劳动力资源的主体能动性

农业劳动力资源的主体能动性，是由人类本身的特性决定的。劳动者具有意识，并能够利用这种意识去影响客观世界，改变人类改造世界的进程，这种主体能动性是人类社会进化和发展的动力。同样，农业劳动力资源对推动农业生产力的发展起着决定性的作用，农业生产中其他资源的开发利用的状况，在很大程度上取决于农业劳动力资源的开发状况。因此，在开发利用农业劳动力资源的过程中，必须充分发挥劳动者的特长，使其主体能动性得到充分发挥。

5. 农业劳动力资源构成要素的两重性

农业劳动力资源作为农业生产的主体，一方面，作为农业生产中具有决定意义的要素，开发利用得当可以迸发出无限的创造力，通过农业劳动创造社会财富；另一方面，劳动者又是消费者，需要不断地消耗资源，消费社会财富。因此，如果农业劳动力资源得不到合理利用、不能与农业生产资料有效结合，不仅其创造力得不到发挥，而且会成为经济增长的负担，甚至会成为社会的不稳定因素，影响社会的安宁。

（三）农业劳动力资源的供给与需求

我国农业劳动力资源数量规模大、增长速度快，同时耕地面积逐年减少，人多地少的矛盾十分尖锐。因此，研究农业劳动力资源的供给与需求的特点、影响因素等，对于有效解决农业劳动力供求矛盾具有重要意义。

1. 农业劳动力资源的供给

（1）农业劳动力资源供给的含义

农业劳动力资源的供给是指在一定时期内，在一定的农业劳动报酬水平下，可能提供的农业劳动力数量。现阶段，我国农业劳动力资源的供给数量包括已经从事农业生产的劳动力和可能从事农业生产的剩余劳动力。

（2）农业劳动力资源供给的特征

①农业劳动力资源供给的无限性

农业劳动力资源供给的无限性是指与农业劳动力需求相比，农业劳动力的供给处于绝对过剩状态。由于我国经济发展水平比较落后，人口再生产失控，农业人口总量大，从而造成农业劳动力资源的供给持续上升，形成无限供给的趋势。这种趋势是我国社会主义初级阶段农业市场经济发展的一个基本特征。

②农业劳动力资源供给的伸缩性

农业劳动力资源供给的伸缩性是指农业劳动力的供给数量受农产品价格等因素影响呈现的增减变化。主要表现是，当某种农产品价格高时，从事该农产品生产的劳动力迅速增加；反之，当某种农产品价格低时，从事该农产品生产的劳动力迅速减少；由此导致农业劳动力资源的供给数量增减变化的幅度较大。这种伸缩性是农业劳动力资源供给的一个重要特征，它一方面自发调节了农业劳动力资源的分配，另一方面也导致农业生产的不稳定，造成农业劳动的浪费。

（3）影响农业劳动力资源供给的因素

①人口自然增长率

2022 年，我国人口自然增长率为-0.60‰，首次进入负增长。我国由人力资源大国转向人力资本大国成为必然趋势。我国劳动年龄人口负增长超前于总人口负增长，2011 年 15—59 岁劳动年龄人口达到峰值 9.4 亿人之后步入下降通道，2020 年减为 8.9 亿人。在人力资源优势逐渐弱化的同时，人力资本积淀日渐厚实。因此，提高劳动力素质与农业机械化、智能化发展是我国解决农业劳动力资源供求矛盾的关键。

②农业劳动报酬

在一定时期内，农业劳动力资源的供给数量是农业劳动报酬的递增函数，农业劳动报酬的高低直接影响着农业劳动力供给的数量，在我国实行家庭联产承包责任制之后，农业生产的分配形式发生了变化，农业劳动报酬主要体现为农民出售农产品的收入。因而，农产品的销售价格就成为影响农业劳动力供给的主要因素，当某种农产品销售价格高、生产者获利大，大量农业劳动力就会转入该生产领域，反之则会有很多农业劳动力退出该生产领域。我国农业劳动力资源规模数量规模较大，人均耕地面积较少，农业劳动力的绝对剩余和季节性剩余的数量较多，这些农业劳动力随时准备进入农业生产领域。同时，我国农业生产效益相对较低，农民迫切要求开拓生产领域，提高收入水平。因此，利用宏观价格杠杆，以提高农业劳动报酬为导向，能够使农业生产向合理高效方向转化，促进农业劳动力资源的合理利用。

③农民的价值观

农民的价值观对农业劳动力资源供给的影响，主要表现在农民对闲暇及收入的偏好。由于我国农业生产力水平较低，农民整体收入水平不高，因而大部分地区的农民把辛勤劳动、增加收入作为价值观主要内容。这是包括我国在内的共有现象，能够在很大程度上促进农民积极参加农业生产，增加农业劳动力资源供给。随着社会发展和经济水平的提高，农民的价值观也必然会随之发生变化，对农业劳动力资源的供给产生影响。因此，研究农民价值观的变化，对于合理利用农业劳动力资源也有一定意义。

除以上因素之外，随着我国进一步对外开放和融入世界经济，国际资源和国际市场的变化也会引起农业劳动力资源的供给和结构发生变化。

2. 农业劳动力资源的需求

（1）农业劳动力资源需求的含义

农业劳动力资源需求是指在一定时期内，在一定的农业劳动报酬水平下，农业生产需要的劳动力数量。它是在现有农业自然资源状况和生产力水平的条件下，为了保证经济发展和社会对农产品日益增长的需求，整个社会对农业劳动力资源数量和质量的整体需求。

（2）农业劳动力资源需求的特征

①农业劳动力资源需求的季节性

农业劳动力资源的需求受农业生产的季节性影响，需求数量呈明显的季节性变化。在农忙季节，农业劳动力需求数量很大，常常造成农业劳动力的不足；而农闲季节，对农业劳动力需求的数量较小，又常常会形成季节性的农业劳动力剩余。因此，研究农业劳动力资源需求的季节性，对于合理利用农业劳动力，保证农业生产的顺利进行，具有重要意义。

②农业劳动力资源需求数量的递减性

农业劳动力资源需求的递减性是指随着农业生产力的发展，农业劳动力需求数量会逐渐下降。造成这种现象的原因主要有两个：一方面，农业生产可利用的自然资源数量有一定限制，可容纳的农业劳动力数量有限；另一方面，农业是生产人类消费必需品的部门，对每一个消费者来说，这类消费必需品的需求数量是随着人们生活水平的提高而逐渐下降的。另外，我国农业生产力水平较低，农业生产主要依靠大量的劳动力投入，随着我国农业生产力水平的提高，农业生产将更多地需要资金和技术投入，对农业劳动力的需求也会逐渐减少。因此，农业劳动力需求总体上呈下降趋势，这是世界农业发展过程中的普遍趋势，也是农业生产发展的客观规律。

（3）影响农业劳动力资源需求的因素

①土地资源条件

土地资源是农业生产的主要自然资源，其数量直接影响农业生产对劳动力的容纳程度，是影响农业劳动力需求的主要因素。从农业生产发展的进程来看，随着农业生产力的提高，土地资源对农业劳动力的容纳数量逐渐下降。尤其是我国这样人多地少的国家，农业上可开发的土地资源数量有限，容纳和增加农业劳动力需求的潜力较小。同时应该看到，我国很多地区农业土地经营粗放，土地生产率较低，要改变这一状况，需要加强农业基本建设，实行精耕细作，合理增加单位面积土地的农业劳动力投入，提高土地资源的生产率，这样就会增加对农业劳动力资源的需求。

②农业耕作制度

我国农业生产的地域差异较大，各地区的耕作制度也各不相同，而不同的耕作制度直接影响着农业劳动力的需求水平。对此，需要建立合理的农业耕作制度，适当增加土地复种指数，实行轮作制，特别是合理安排果蔬、园艺等劳动力密集型农产品的生产，增加对农业劳动力的需求。同时，建立合理的农业耕作制度客观上要求开展农业基础设施建设，增加长期性的农业劳动投入，这是增加农业劳动力需求、有效利用农业劳动力资源的重要途径。

③农业多种经营水平

广义上的农业生产包括传统的农业种植业和林、牧、副、渔等行业，除了农业种植业之外，农业中的其他各行业也对农业劳动力资源有很大的需求。因此，充分利用农业土地资源多样性的特点，合理开发山地、草原、水面等农业自然资源，实行多种经营，既可以提高农民收入、增加农业产出，同时还可以增加对大农业中林、牧、副、渔等各业的农业劳动力投入，这对于提高农业生产力，促进农业劳动力的内部消化、合理利用农业劳动力资源具有十分重要的意义。

④农业生产项目

广义的农业是一个农林牧副渔各业全面发展、农工商综合经营的宏大部门，要求农业及与农业有关的各种生产项目协调发展。农业生产项目多，可以拓宽农民就业门路，增加对农业劳动力的需求数量。从我国农业的发展趋势来看，在农村大力发展乡镇企业，开拓新的农业生产项目，促进农业劳动力的转移，是我国农业发展的必然方向，也是增加农业劳动力资源需求的重要途径。

⑤农业机械化水平

农业机械化水平和农业劳动力资源的需求之间成反比关系，一国（或地区）的农业机械化水平越高，对农业劳动力的需求数量越少。因此，实现农业机械化的过程，也是农业劳动力需求逐渐下降的过程。我国农业劳动力资源丰富，人均耕地资源比较少，不可避免地会与农业机械化产生一些矛盾。因此，在我国实现农业机械化的过程中，要结合农村实际情况和农业生产需要，因地制宜，不能急于求成。要把实现农业机械化的过程与农业劳动力转移紧密结合起来，合理利用农业劳动力资源，调动农民的生产积极性，促进农业生产的发展。

二、农业劳动力资源现状与利用

农业劳动力资源作为农业生产的主体，其利用是否合理，直接关系到农业经济的发展和农业现代化的进程。这里从研究农业劳动的特点出发，分析农业劳动力的利用原则和现状，探讨合理利用农业劳动力资源的有效途径。

（一）农业劳动的特点

农业劳动是农业劳动力、生物资源和自然条件三个因素相结合的农业生产过程，农业生产的特点决定了农业劳动具有以下特点：

1. 农业劳动具有较强的季节性

农业劳动的主要对象是有生命的动植物，而它们有自身的生长发育规律并受自然条件的制约，导致其生产时间和农业劳动时间不一致，使得农业劳动具有明显的季节性。农忙时，需要大量的劳动力，突击进行农业劳动，以不误农事；农闲时，则农业劳动力大量闲置。因此，既要保证农忙季节对农业劳动力的需求，又要使农闲季节的农业劳动力有出路，才能达到合理利用农业劳动力的目的。

2. 农业劳动具有较大的分散性

由于农业生产的基本生产资料是土地，而土地需要在广阔的空间进行分布，因而农业劳动也是在广阔的地域中进行作业，劳动分散，人、畜、机械作业空间大。为此，农业劳动的组织要适合农业劳动分散性的特点，采取灵活多样的农业劳动协作形式，确定适宜的协作规模。

3. 农业劳动具有一定的连续性

一个完整的农业生产周期，是由许多间断的但又相互联系的农业劳动过程组成的。每一个农业劳动的作业质量，不仅影响下一个农业劳动的作业质量，而且会影响农业生产的最终成果。因此，在组织农业劳动时，应该建立健全农业生产责任制，使劳动者既重视农业劳动的数量，又注意农业劳动的质量，关心农业劳动的最终成果。

4. 农业生产周期长，农业劳动效益具有不稳定性

农业劳动的主要对象（即各种动植物）的生产周期长，一般没有中间产品，要等到一个农业生产周期结束，才会有农业劳动成果。在这个过程中，农业生产不仅受人类生产活动的控制，而且还受到各种自然条件的影响。因此，农业劳动必须顺应自然条件和劳动对象的特点，在农业生产过程中灵活机动地做出决策，采取应变措施，保证农业劳动的效益水平。

5. 农业劳动的内容具有多样性

农业生产包括农、林、牧、副、渔等各业的生产，一般采取各不相同的作业方式和技术措施。即使同一生产部门，在不同生产阶段所采用的作业方式和技术措施也不相同，如种植业生产中的耕翻地、播种、施肥等，畜牧业的饲料配比、畜禽防疫等。因此，农业劳动的内容繁杂，形式多样，这就要求农业劳动者必须掌握多种技能，能够从事多种生产项目，进行多种农业劳动作业。

6. 农业劳动的艰苦性

农业劳动不同于工业劳动或服务业劳动，一般是在田间土地上进行作业，受自然环境影响较大，作业环境差，劳动条件艰苦，而且改善的难度较大。同时，农业劳动一般需要繁重的体力支出，劳动强度大。

充分认识上述农业劳动的特点，对于合理利用农业劳动力资源，提高农业劳动生产率，具有重要意义。

（二）合理利用农业劳动力资源的原则

1. 因地制宜原则

我国地域辽阔，各地区农业生产的自然条件和经济条件差别很大，因而在组织农业劳动、进行农业生产管理时，应该允许多种多样的农业劳动组织形式同时存在，不能只采用一种模式，搞整齐划一的"一刀切"。因此，各地区、各农业生产单位都要根据因地制宜的原则，确定符合本地区农业生产实际情况的农业劳动组织形式和管理制度。农业劳动组织形式和管理制度确定之后，要保持相对稳定，防止频繁变动，同时要随着农业生产力的不断发展以及客观条件的不断变化，进行适当合理的调整和完善，以促进农业生产的发展。

2. 经济效益原则

农业劳动力作为农业生产力的主导能动要素，在物质资料的生产中，还要坚持经济效益的原则。为此，必须科学地组织农业生产劳动，实行严格的生产责任制度，做好劳动定额和劳动计酬，努力提高农业劳动的工效；要根据农业生产的实际需要，有计划地分配和合理使用农业劳动力资源；要采取一切有效措施，努力节约劳动时间，提高劳动效率；对于剩余的农业劳动力要千方百计地寻求向农业的深度和广度拓展的途径。

3. 物质利益原则

在农业劳动力资源的利用过程中，要正确处理国家、集体、个人二者之间的物质利益关系。既要反对为了个人利益损害集体利益和国家利益，又要反对忽视农民个人利益的错误做法。具体而言，就是要认真贯彻按劳分配原则和物质奖励制度，要根据劳动者提供的劳动量分配个人消费品，根据劳动者提供的超额劳动进行物质奖励。与此同时，还应该加强对农业劳动者的思想教育工作，提高农业劳动者的思想觉悟，鼓励农业劳动者为国家利益和集体利益多做贡献，研究和探讨对农业劳动力资源合理利用的原则，目的在于提高农业劳动力的利用水平和效率。

（三）农民就业与农业剩余劳动力转移

1. 农民就业的概念

我国在相当长的一段时间内没有农民就业这一提法，农民也没有相当于城镇职工的就业要求，至今在一些部门和地方的决策者看来，就业或失业是针对城镇居民而言的，与广大农民无关。传统的农民就业仅仅是指农业劳动者在其承包的责任田上从事农业生产经营活动，通过辛勤劳动、合法经营取得农业劳动成果，这一概念是从农业劳动者是否参加农业生产经营活动来界定农民就业。由于我国广大农村地区富余劳动力数量众多，人均土地资源稀缺，农民隐性失业问题十分严重，所以一个完整的、科学的关于农民就业的概念应该排除隐性失业问题的影响，着重从农业劳动绩效、农民劳动满意度的角度来考察和衡量农民就业情况。

因此，科学的、严谨的农民就业的定义应该是指社会能够为农业劳动者提供充足的工作岗位，所有愿意就业的农业劳动力都能找到工作，并使他们与其他生产要素相互结合，通过辛勤劳动、合法经营获得基本生产、生活资料和必要的劳动满足，进而达到自我实现目的的过程。

2. 农业剩余劳动力及其形成原因

农业剩余劳动力是指在一定的物质技术条件下，农业劳动力的供给量大于生产一定数量的农产品所需要的农业劳动力的数量，即农业劳动力供给超过需求的那一部分，这部分农业劳动力投入农业生产的边际产量为零。农业剩余劳动力是一个相对的概念，可以从绝对剩余和相对剩余两个方面加以界定。绝对剩余是指在一定区域、一定时期、一定生产力水平下，农业劳动力的边际效益为零时，农业生产中供大于求的那部分农业劳动力资源。相对剩余是指在一定区域、一定时期、一定生产力水平下，农业劳动力的劳动生产率达到全国平均劳动生产率时，农业生产中供大于求的那部分农业劳动力资源。

我国农业剩余劳动力产生的原因很多，总结来看主要有以下几条：一是农村人口和农业劳动力规模大，增长速度快；二是人均耕地面积逐年减少，农业生产对农业劳动力的总需求逐渐减少；三是农业生产技术条件改善，农业劳动生产率和集约化水平提高，对农业劳动力的平均需求水平降低；四是长期以来农业产业结构单一，对农业劳动力的综合容纳能力不高；五是城镇化水平相对较低，非农产业发展缓慢对农业劳动力的吸纳能力有限。随着农业生产和社会经济的发展，我国已产生规模巨大的农业剩余劳动力，如果不能进行合理的安置，不仅会造成农业劳动力资源的极大浪费而且还会影响农业现代化的发展进程。

3. 农业剩余劳动力转移

农业剩余劳动力的存在，意味着经济上的浪费和社会福利的损失，不仅影响了传统农业向现代农业的转变，还在一定程度上制约着整个国民经济的发展。为此，必须制定务实、有效的政策措施，促进农业劳动力的充分就业，提高农业劳动力资源的利用效率。要实现这一目标，在农业生产资源特别是土地资源有限的条件下，应该着力于发展非农产业，创造更多的就业机会，实现对农业剩余劳动力的转移。为保证农业剩余劳动力转移工作的有力、有序、有效进行，应采取以下措施：

（1）发展劳动密集型农产品的生产，扩大农业生产自身的就业量

我国属于劳动力资源异常丰富、耕地资源稀缺的国家，大力发展林果业、水产养殖

业、畜牧业、高档蔬菜种植并对其进行深加工，适当降低粮食生产并积极参与国际分工，是转移农业剩余劳动力的有效途径和理性选择。当然，粮食生产对我国而言有着特殊的重要性，因而调整农业生产结构必须以保障国家的粮食安全为前提，要不断改善农业生产的基础条件，凭借技术进步来提高粮食单产和总产量。基于我国国情和市场导向的农业生产结构调整，不仅不会威胁我国的粮食安全，而且能够为农业剩余劳动力的合理安排和有效转移提供更为广阔的空间。

（2）加强对农民的教育培训，培养新型农民和现代产业工人

农业劳动力的综合素质偏低，不仅会影响到农业劳动生产率的提高，还会限制农业劳动力的非农化转移及身份转变，并在一定程度上加剧了农业劳动力供需失衡的矛盾。因此，要实现农业剩余劳动力在非农产业的稳定就业，就必须加强对农民的教育培训，提高农民的职业技能和对非农就业岗位的适应能力，将留在农村继续务农的农业劳动力培养成"有文化、懂技术、善经营"的新型农民，将转移到城镇和非农产业的农业剩余劳动力培养成高素质的现代产业工人，这是促进农业劳动力合理利用和农业剩余劳动力有序转移的治本之策。

（3）加快农村小城镇建设，形成有利于农业剩余劳动力就业的块状经济和产业集群

我国现有的农村乡镇企业80%分布在零散的自然村，布局的分散使其丧失了应有的聚集效应和扩散功能，其对农业剩余劳动力的吸纳能力受到限制，就业容量不断下降。根据研究，如果能使目前分布比较分散的农村乡镇企业向小城镇适度集中，通过关联产业的带动和聚集效应，可以使现有农村乡镇企业和小城镇的就业容量扩大30%～50%，大大增加对农业剩余劳动力的吸纳能力。因此，加快农村小城镇建设，依托这些小城镇吸收社会资金，引导农村乡镇企业不断聚集，形成块状经济和产业集群，并进行产权制度、户籍制度、投资制度、社会保障制度等方面的配套改革，就可以为农业剩余劳动力的转移创造更多的就业岗位。

三、农业劳动力资源开发与利用

我国是一个农业大国，也是一个人口大国，合理开发和利用农业劳动力资源，提高我国农业生产的效率和质量，对于我国经济和社会发展有极其重要的意义。为此，需要对农业劳动力资源的利用进行评价，以加强对农业劳动力资源的开发和利用管理。

（一）农业劳动力资源的利用评价

为了充分合理地利用农业劳动力资源，首先需要对农业劳动力资源的利用状况和使用效率进行评价，其评价标准主要是农业劳动力利用率和农业劳动生产率两个指标。

1. 农业劳动力利用率

（1）农业劳动力利用率的概念

农业劳动力利用率是反映农业劳动力资源利用程度的指标，一般是指一定时间内（通常为1年），有劳动能力的农业劳动者参加农业生产劳动的程度。

农业劳动力利用率是衡量农业生产水平和经济效益的重要标准，在一定的农业劳动力资源和农业劳动生产率条件下，农业劳动力利用率越高，就可以生产出越多的农产品。衡量农业劳动力利用率的具体指标包括：①实际参加农业生产的农业劳动力数量与农业劳动力总量的比率；②在一定时间内，平均每个农业劳动力实际参加农业生产劳动的天数与应该参加农业生产劳动的天数之间的比率；③每天纯劳动时间占每天标准劳动时间的比重。

在农业劳动生产率不变的条件下，提高农业劳动力的利用率，意味着在农业生产中投入了更多的劳动量。在我国目前农业生产的资金投入相对不足、物质技术装备条件比较落后的情况下，增加劳动量的投入，提高农业劳动力的利用率，对于促进农业生产的发展具有十分重要的意义，也是合理利用农业劳动力资源的重要途径和客观要求。

（2）影响农业劳动力利用率的因素

在农业生产实践中，影响农业劳动力利用率的因素很多，概括来说主要可以分为两个方面：一是农业劳动力的自然状况和觉悟程度，如人口数、年龄、身体状况、技术能力、思想觉悟水平、生产积极性和主动性等；二是自然条件和社会经济条件，如土地结构、气候条件、耕作制度、农业生产结构、多种经营的开展状况、农业生产集约化水平、劳动组织和劳动报酬、责任制状况、家务劳动的社会化程度等。在这些影响因素当中，有的因素是比较固定的，或者要经过较长的时间才会起变化，有的因素则可以在短期内发生变化。因此，为了提高农业劳动力利用率，既要从长计议，如控制农村人口的增长逐步改善自然条件等；又要着眼当前，如合理调整农业生产结构、改善农业劳动组织、贯彻按劳分配原则、采用合理的技术和经济政策等。

（3）提高农业劳动力利用率的基本途径

①运用积极的宏观调控政策，充分调动农业劳动者的生产积极性

劳动力资源的利用程度与劳动者的生产积极性紧密相关，在农业生产劳动过程中也同样如此。因此，要提高农业劳动力的利用率，就要运用积极的宏观调控政策充分调动农业劳动者的生产积极性，充分尊重农业劳动者的经营自主权，充分发挥他们在农业生产中的主观能动性，使农业劳动力及其劳动时间都能够得到更加合理的利用。

②向农业生产的广度和深度进军，大力发展农业多种经营

虽然我国按人口平均计算的耕地资源非常有限，但其他农业生产资源相对比较丰富，有大量的草地、林地、海域和淡水养殖面积可供利用。因此，在安排农业生产经营的过程中，不能把注意力只集中在单一的农业生产项目上，或者只进行简耕粗作的农业生产经

营，而是应该开阔视野，树立大农业经营观念，走农林牧副渔全面发展、农工商一体化的发展道路，这样才能为农业劳动力的充分利用提供更多的就业门路。

③合理分配农业劳动力，积极探索适合我国国情的农业剩余劳动力转移之路

除了在农业内部努力提高农业劳动力的利用率之外，还应该对农业劳动力进行合理分配使用，加强对农业剩余劳动力的转移。为此，要在农、林、牧、渔之间，农业和农村其他产业之间，生产性用工和非生产性用工之间合理分配使用农业劳动力，把富余的农业劳动力千方百计地转移到工业、商业、服务业、交通运输业、建筑业等二、三产业中去，避免农业劳动力因为配置不均造成的窝工浪费和转移受阻造成的闲置浪费。

④改善农业劳动组织，加强农业劳动管理

为了充分合理地利用农业劳动力资源，还应该在农业生产中采取科学的、与生产力水平相适应的农业劳动组织形式，加强和改善劳动管理，建立健全农业劳动绩效考评机制，实施合理的、有激励效果的劳动报酬制度，使农业劳动者从关心自己利益的动机出发，积极主动地、负责任地参加农业生产劳动，进而提高农业劳动力的利用率。

2. 农业劳动生产率

（1）农业劳动生产率的概念

农业劳动生产率即农业劳动者的生产效率，它是指单位劳动时间内生产出来的农产品数量或生产单位农产品所支出的劳动时间。农业劳动生产率反映了农业劳动消耗与其所创造的劳动成果之间的数量比例关系，表明农业劳动力生产农产品的效率或消耗一定劳动时间创造某种农产品的能力，提高农业劳动生产率是发展农业生产的根本途径。

（2）农业劳动生产率的评价指标

评价衡量农业劳动生产率的水平，有直接指标和间接指标两大类。

①直接指标

农业劳动生产率的直接指标是指单位劳动时间内所生产的农产品数量或生产单位农产品所消耗的劳动时间。用公式表示如下：

农业劳动生产率=农产品产量或产值/农业劳动时间

或

农业劳动生产率=农业劳动时间/农产品产量或产值

农产品数量可以用实物形式表示，如粮食、棉花的一定数量单位等；也可以用价值形式表示，如农业总产值、净产值等。由于价格是价值的外在表现，而价格又在不断发生变化，因此采用价值形式来比较不同时期的农业劳动生产率时，要采用不变价格计算。农业劳动时间应该包括活劳动时间和物化劳动时间，这样计算出来的农业劳动生产率称为完全劳动生产率。但由于物化劳动时间的资料取得比较困难，一般只用活劳动时间来计算农业劳动生产率，称为活劳动生产率。在实际工作中，为了使活劳动生产率尽量接近完全劳动

113

生产率，在用价值表示农产品数量时可以减去已消耗的生产资料价值部分，直接用农业净产值表示。活劳动时间的计算单位通常采用人工年、人工日、人工时等指标。

③间接指标

为了及时考察农业生产过程中各项作业的劳动生产率，还可以采用单位劳动时间所完成的工作量来表示农业劳动生产率，即劳动效率。这就是衡量农业劳动生产率的间接指标，如一个"人工日"或"人工时"完成多少工作量等，用公式表示如下：

$$农业劳动效率=完成的农业工作量/农业劳动时间$$

在运用农业劳动效率指标时要注意和农业劳动生产率指标结合应用，因为两者之间有时一致，有时可能不一致，如技术措施不当、劳动质量不高、违反农时以及自然灾害等多种原因时常造成二者不一致。因此，不能单纯强调农业劳动效率，必须在采用正确技术措施的条件下，在保证质量和不误农时的前提下，积极提高农业劳动生产率。

（3）提高农业劳动生产率的意义

农业劳动生产率的提高，意味着包含在单位农产品中劳动总量的减少，这是农业生产力发展的结果，也是发展农业生产力的源泉，是衡量社会生产力发展水平的重要标志。因此，不断提高农业劳动生产率是农业发展的主要目标，也是加速社会向前发展的坚实基础，不仅具有重大的经济意义，而且具有重大的社会政治意义。具体表现在：

①提高农业劳动生产率和农产品质量，以较少的农业劳动力生产出更多的高质量农产品，从而能够更好地满足国民经济发展和人民生活的需要。

②提高农业劳动生产率，促进农业和国民经济的综合发展，降低单位农产品的劳动消耗，为国民经济其他部门准备了大量劳动力。

③提高农业劳动生产率，能够增加农民的收入，为农民进军国民经济的其他部门提供了条件。

④提高农业劳动生产率，能够提高农业劳动力的综合素质，使农民学习科学文化知识和专业技能，进一步促进农业生产力的发展。

（二）农业劳动力资源的开发

1. 农业劳动力资源开发的含义

农业劳动力资源开发，指的是为充分、合理、科学地发挥农业劳动力资源对农业和农村经济发展的积极作用，对农业劳动力资源进行的数量控制、素质提高、资源配置等一系列活动相结合的有机整体。农业劳动力资源的开发包括数量开发和质量开发两个层次的含义。

农业劳动力资源的数量开发，是指用于农业劳动力资源控制而展开的各项经济活动及由此产生的耗费。不同类型的国家或地区的农业劳动力资源数量控制的目标也各不相同，既有为增加农业劳动力资源数量进行努力而付出费用的，也有为减少农业劳动力资源数量而做出各种努力的。

农业劳动力资源的质量开发，一般是指为了提高农业劳动力资源的质量和利用效率而付出的费用，包括用于农业劳动力资源的教育、培训、医疗保健和就业等方面的费用。目前，我国的农业劳动力资源开发主要是指对农业劳动力资源的质量开发，尤其是对农业劳动力在智力和技能方面的开发。

2. 农业劳动力资源开发的意义

随着农业现代化的发展，农业生产对科学技术人才和科学管理人才的需求越来越大，因而开发农业劳动力资源质量，提高农业劳动者的素质显得越来越重要。其重要意义主要体现在以下几个方面：

（1）农业现代化要求农业劳动力有较高的素质

在国外一些实现了农业现代化的国家中，农业有机构成与工业有机构成之间的差距在逐步缩小，甚至出现了农业有机构成高于工业有机构成的情况，因而对农业劳动力资源数量的要求越来越少，对农业劳动力资源质量的要求却越来越高。这就要求提高农业劳动者的科学文化水平和专业技能，以便在农业生产中掌握新设备和新农艺。

（2）科技投入在农业生产中的重要性日益提高，对农业劳动力素质提出更高的要求

农业生产的发展规律表明，农产品增产到一定程度后，再要提高产量、提高投入产出的经济效益，就不能只靠原有技术，而是要靠采用新的科技手段。因此，要繁育农业新品种，改革耕作及饲养方法，提高控制生物与外界环境的能力，就必须对农业劳动力资源进行开发，以利于将现有农业生产力各个要素进行合理组合，选择最佳方案。

（3）农业生产模式的变革要求农业劳动力掌握更多的知识和技能

农业生产正在由自然经济向商品经济转变，并逐步走向专业化、社会化的过程中，需要掌握市场信息，加强农产品生产、交换和消费各个环节的相互配合，没有科学文化、缺乏经营能力是做不到的，这客观上要求对农业劳动者进行教育培训，提高他们的科学文化水平和经营管理能力。

（4）开发农业劳动力资源是拉动内需，促进国民经济进一步发展和农业可持续发展的需要

随着对农业劳动力资源开发步伐的加快，农民对教育的需求将会不断增加。为此，必须采取积极措施，发展面向农业劳动力资源开发的教育产业，增加农村人口接受各类教育和培训的机会，为农村经济的进一步发展培养出更多合格的有用人才。同时，大力开发农业劳动力资源，增加农业人力资本的积累，可以使教育成为农村新的消费热点，拉动内需，促进国民经济的发展。

3. 农业劳动力资源开发的基本对策

（1）着眼"三农"问题的解决，加强对农业劳动力资源开发的组织领导与管理协调

随着农村工业化、城镇化进程的加快，我国的农民正在发生着职业分化，有着更多的发展要求和发展空间。除一部分农民继续留在农村务农之外，大部分农民正由农业向城镇非农产业流动，由传统农民向现代产业工人转化。但由于转移的大多数农民不具备非农就业所必需的知识、技能和素质，客观上要求加大对农村人力资源的开发力度，以此提高农民的科技文化素质。为此，必须做好组织领导和管理协调方面的工作，建议成立由中央有关部门牵头的专门领导小组，作为农民教育培训的领导、协调机构；增加农村职业教育和成人教育的经费投入，把农村职业教育和农民培训工作列入地方政府的任期目标和考核内容；下大力气实施农民培训工程，用 5～10 年时间对 16～45 岁的农业劳动力群体进行一次全面的技能轮训；继续坚持农村"三教统筹"和"农科教结合"，并进一步探索在新形势下的实现方式。

（2）加快体制创新，积极构建政府主导、面向市场、多元投资的农民教育培训体系

农民教育培训作为一项面广量大的系统工程，理应得到各级政府、各相关部门乃至全社会的共同关注和积极支持。政府部门作为教育的实施主体，应当从促进教育公平，关心弱势群体，构建和谐社会的战略高度出发，充分认识加强农民教育培训的重要性。在解决农民教育培训资金经费的问题上，各级政府应处于主导地位，同时也必须广开渠道，实行投资主体的多元化。首先，中央和地方财政要加大对农业劳动力资源开发的投入，提高教育经费的财政投入占 GDP 的比重，同时在教育经费的使用过程中，向农民教育培训投入适当倾斜。其次，国内、国外并重，吸引各方投入。国内要鼓励城市支持农村，东部支援西部，鼓励企业、投资者到农村和西部地区进行教育投资。国外则要通过优惠政策，吸引国外政府、国际组织、企业家、华人华侨到我国农村开发劳动力资源，同时积极争取无偿援助、捐赠、低息贷款等，通过吸引多元投资方式推动我国农业劳动力资源开发水平的全面提升。与此同时，还要加快体制创新，完善培训体系，尽快建立与现代农业和农村经济发展相适应，以农民科技教育培训中心为骨干、以中高等农业院校、科研院所和技术推广机构为依托，以企业和民间科技服务组织为补充，以乡镇培训基地为基础的功能强大、手段先进、运转灵活的开放型、协同型的农民教育培训体系，按照新农村建设的要求，卓有成效地开展对农民的教育培训。

（3）在普及义务教育的基础上大力发展农村职业教育，重视技能型、应用型人才的培养

农业劳动力资源开发的首要任务是在农村普及九年制义务教育，消灭农村青壮年文盲。农村要把普及九年制义务教育作为当前劳动力资源开发的基础工程，力争在最短的时间内完成"两基"达标任务。在此基础上大力发展农村职业教育，加速培养留得住、用得

上的技能型、应用型人才，这是符合我国农村实际的明智之举，也是在目前教育经费不足的情况下低成本、高效率开发农业劳动力资源，解决农村人才瓶颈的有效措施。因此，要立足农村经济社会发展的实际需要，有针对性地进行农业劳动力资源的开发，合理引导农村初中毕业生到农业职业学校学习，并通过实施助学贷款、创业扶持计划，对报考农业职业学校的农村青年或毕业后愿意扎根农村创业发展的毕业生给予适当的资金支持和相应的政策优待，以鼓励引导农村初中毕业生选择职业教育。农村职业教育的专业设置、课程体系、教学模式要有针对性，要立足学生生存本领、职业技能和致富能力的培养，通过与企业积极"联姻"，了解用人单位的需求，按照就业岗位所需要的人才规格和能力素质进行订单培养，防止教育资源的浪费。

（4）规范劳动就业准入制度，建立完善促进教育需求的动力机制，督促农民主动参与培训

为了提高农民的就业竞争能力，实现农业剩余劳动力的高质量转移，必须推行规范的劳动就业准入制度。一是要严格职业准入：要在确定的职业准入范围内，积极推行职业准入制度，逐步做到凡已公布实行职业准入的行业，农村青壮年劳动力如果没接受职业教育或培训，没有取得相应的毕业证或职业资格证，就不能参加就业。二是严格年龄准入：我国目前每年新增 500 万～600 万农业剩余劳动力，其中大多数是没有升入高中的初中毕业生，这些初中毕业生没有经过基本的职业培训就直接进入劳动力市场，给本已过剩的劳动力市场造成更大压力和混乱，也造成人力资源的巨大浪费。对此，各级劳动部门、用人单位必须严格执行《劳动法》，对未成年的农村初中毕业生实行就业年龄限制，通过规范劳动准入制度，督促年轻农民主动参与职业教育和技能培训。

（5）加快农村社会保障制度建设，切实提高农业劳动力资源的保障水平

由于中国还存在城乡二元结构的制度性障碍，广大农民尚无法获得与城镇居民一样的社会保障，社会保障制度尚未覆盖广大农村。农民仍然是依赖于土地保障和传统的子女养老，这对于农村实现跨越式发展是一种巨大的障碍。因此，在国家层面必须加强规划，收入再分配方面向农村社会保险制度改革倾斜，尽快将农村社会保险制度建立起来。当前，农民迫切需要的是养老保险和医疗保险两大社会保险制度，对此可以根据我国的基本国情和农村实际，进行统一规划、分步实施，并使其逐步纳入国家社保体系，使农村人力资源的社会保障水平切实得到提高。具体来说，在养老保险方面，可以先实现较低水平的保障，争取用 15～20 年的时间分阶段纳入全国社会保障体系；在医疗保险方面，应首先解决大病医疗保险，然后在条件允许的情况下再实行普通医疗保险，也争取用 15～20 年的时间，分阶段纳入全国社会保障体系。在条件许可的时候，再逐步建立其他社会保险制度，如生育保险、工伤保险、失业保险等，最终使社会保障制度覆盖包括农民在内的全国所有人口。

（三） 农业劳动力资源的利用管理

为了充分合理地利用农业劳动力资源，需要积极促进农民的充分就业，提高农业劳动力的使用效率和经济效益，主要是提高农业劳动力资源的利用率和农业劳动生产率两个指标。

1. 发展农业集约化和产业化经营，提高农业劳动力资源的利用率

我国的农业劳动力资源十分充裕，而农业自然资源尤其是土地资源相对稀缺，同时对农业的资金投入不足，导致农业劳动力资源大量闲置，农业劳动力资源的利用率较低。从当前我国农业生产的情况来看，要提高我国农业劳动力利用率，主要应该依靠农业的集约化经营，增加农业生产对农业劳动力的吸纳能力。具体途径主要有以下几点：

①增加对农业的资金和其他要素投入，加强农业基础设施建设，为农业生产创造更好的物质条件。同时改变原有单纯依靠增加要素投入量的粗放型农业生产经营模式，促进农业劳动力资源和农业生产资料的更好结合，通过实现农业生产的集约化经营来增加农业生产的用工量，使农业劳动力资源得到充分利用。

②发挥资源优势，依靠农业科技，加快发展农业产业化经营，增加农业生产的经营项目，拉长农业生产的产业链条，吸纳农业劳动力就业。尤其是要发展劳动密集型农产品的生产，创造更多的农业就业岗位，使农业劳动者有更多的就业选择空间，增加对农业劳动力的使用。

③合理安排农业劳动力的使用，组织好农业劳动协作与分工，尽量做到农业劳动力资源与各类需求量的大体平衡。要根据各项农业生产劳动任务的要求，考虑农业劳动者的性别、年龄、体力、技术等情况，合理使用农业劳动力资源，做到各尽所能、人尽其才，充分发挥劳动者特长，提高劳动效率。另外，要尊重农业劳动者的主人翁地位，充分发挥他们在农业生产中的主动性、积极性和创造性。

④对农业剩余劳动力进行有效转移，合理组织劳务输出。一方面，发展农村非农产业，实现农业剩余劳动力的就地转移，同时把农业剩余劳动力转移与城镇化发展结合起来，积极推动农业剩余劳动力向城市转移；另一方面，积极推动农业剩余劳动力的对外输出，利用国际市场合理消化国内农业剩余劳动力，这也是我国解决农业劳动力供求矛盾，提高农业劳动力资源利用率的一个重要途径。

2. 促进农业现代化，提高农业劳动生产率

充分合理地利用农业劳动力资源，还要提高对农业劳动力的使用效率，增加农业生产中劳动力资源投入的产出，即提高农业劳动生产率。影响农业劳动生产率的因素主要包括生产技术因素，即农业现代化水平，以及自然因素和社会因素。这些影响因素决定了提高农业劳动生产率主要有以下途径：

（1）充分合理地利用自然条件

所谓自然条件，是指地质状况、资源分布、气候条件、土壤条件等，这是影响农业劳动生产率的重要因素。自然条件对农业生产有至关重要的影响，由于自然条件不同，适宜发展的农业生产项目也不同。以种植业为例，同一农作物在不同的自然条件下，投入等量的劳动会有不同的产出，也就是会有不同的劳动生产率。因此，因地制宜地配置农业生产要素，利用自然条件，发挥区域优势，投入同样的农业劳动力就可以获得更多的农产品，提高农业劳动的自然生产率，实现对农业劳动力资源的优化利用。

（2）提高农业劳动者的科技文化水平和技术熟练程度

劳动者的平均技术熟练程度是劳动生产率诸多因素中的首要因素，在农业生产中也同样如此。由于农业生产中的生产力提高和科技进步是以新的劳动工具、新的劳动对象、新的能源和新的生产技术方法等形式进入农业物质生产领域的，因而要求农业劳动者具备较高的科技文化水平、丰富的生产经验和先进的农业劳动技能。另外，农业劳动者技术熟练程度越高，农业劳动生产率也就越高。为了提高农业劳动者的科技文化水平和技术熟练程度，必须大力发展对农业和农村的文化教育事业、科学研究事业以及推广工作。

（3）提高农业经济管理水平，合理组织农业生产劳动

要按照自然规律和经济规律的要求，加强农业经济管理，提高农业经济管理水平，使农业生产中的各种自然资源、生产工具和农业劳动力资源在现有条件下得到最有效的组合和最节约的使用，从而达到增加农产品产量、节约农业活劳动和物化劳动的目的，这对于提高农业劳动生产率、合理有效利用农业劳动力资源具有重要作用。

（4）改善农业生产条件，提高农业劳动者的物质技术装备水平

农业劳动者的物质技术装备水平是衡量一个国家农业生产力发展水平的重要标志，也是提高农业劳动生产率最重要的物质条件。农业劳动者的技术装备水平越高，农业劳动的生产效能也就越高，而要提高农业劳动者的技术装备水平，就要发展农业科技。只有农业科学技术不断发展，才能不断革新农业生产工具，不断扩大农业劳动对象的范围和数量，从而有效提高农业劳动生产率。

（5）正确贯彻农业生产中的物质利益原则

在一定的物质技术条件下，农业劳动者的生产积极性和能动性是关系农业劳动生产率的决定性因素。在我国目前的社会主义市场经济条件下，人们劳动和争取的一切都与他们自身的物质利益直接相关，因此必须用物质利益来提高农业劳动者的积极性、主动性和责任心，这样才能更好地组织农业生产劳动，提高农业劳动生产率。

此外，建立健全完善的农业经济社会化服务体系，解决好农业生产过程中的系列化服务等，对提高农业劳动生产率也具有重要作用。

第二节 农业资金与管理

一、农业资金概述

农业资金的数量及其运营状况直接影响着农业生产的发展水平，了解农业资金运动的特点和分类，掌握农业资金运动的规律，对合理利用农业资金、提高农业资金的利用效率具有十分重要的意义。

（一）农业资金的概念

农业资金有广义和狭义两个层面的含义。广义的农业资金是指国家、个人或社会其他部门投入农业领域的各种货币资金、实物资本和无形资产，以及在农业生产经营过程中形成的各种流动资产、固定资产和其他资产的总和。广义的农业资金实际上就是用于农业生产经营的各种财物和资源的总和，并且总是以一定的货币、财产或其他权利的形式存在。狭义的农业资金是指农业再生产过程中，生产、流通、分配及社会消费等环节中财产物资的货币形态，即社会各投资主体投入农业的各种货币资金。广义的农业资金实际上涉及农业生产管理的全过程，而目前制约农业发展最关键的资金问题是狭义农业资金的投入问题。本章所讨论的农业资金，指的是狭义的农业资金概念。

在农业生产经营活动中，农业资金具有保证农业再生产顺利进行，保证农业生产成本垫支，参与农业价值创造等多种职能。因此，农业资金是进行农业生产的重要条件。

（二）农业资金运动的特点

由于农业生产受自然因素的影响较大，因此，与其他物质生产部门相比，在资金占用上也有其自身的特点。

1. 生产过程复杂，资金占用量大

农业生产项目多，所需要的生产资料品种多、作业操作环节多而复杂，再加之大多数农业机械和农机具专用性强、通用性差，各种农业机械设备和农机具的配备量大、利用率低，农业生产周期长、季节性强，因此，在储备资金和生产资金等方面的占用往往数额较大。

2. 生产过程生产周期长，资金周转慢

由于农业生产受气温、光照、水分等多种因素的影响，一个生产过程有的几个月，有的十几个月，有的则达几年。在一种产品的生产过程中，各种作业项目之间又有一定的间隔期，使农业资金的投放和回收有一定的季节性，致使农业资金占用的时间长，回收慢。

3. 农业资金的利用率低

一方面，由于农业生产周期长，资金周转慢，回收期长，再投资的机会少，导致农业资金的利用率低；另一方面，用在各种农业机械和农机具上的资金，每年只能是在有限的季节和生产环节上使用，从而导致农机具设备闲置时间长，资金的利用效率低。

4. 农业资金投入的风险大

农业生产受自然风险和市场风险的双重约束，无论是遭遇自然灾害还是市场变化的影响，都会给农业生产造成巨大损失。严重时可能会使农业资金投入得不到任何收益，致使农业的投资风险远高于其他产业。

（三）农业资金的分类

按照不同的分类标准，可以对农业资金进行不同的分类。

1. 按农业资金的所有权进行分类

（1）自有资金

自有资金是指农业生产单位自身所有、不需要归还别人的资金，主要包括农业生产单位自己积累的资金和农业企业筹集的股本资金，国家无偿拨付的资金也可以视为自有资金。

（2）借入资金

借入资金是指农业生产单位通过各种方式取得的、具有一定的使用期限、到期后必须偿还他人的资金，如向信贷机构借入的贷款、向社会公开发行的债券、通过民间借贷借入的资金等。

2. 按农业资金服务的对象进行分类

（1）农业生产资金

农业生产资金主要是指直接用于购买农业生产资料所需的资金或在农业生产过程中消耗的各种资金。具体来说，农业生产资金包括购买农业生产设备等固定资产的资金，购买农药、化肥、种子、仔畜、饲料等消耗性生产资料的资金，生产过程中支付的水电费、机耕费、收割费、防疫费以及其他维护费用所需的资金，和生产过程中支付的人工费用等。农业生产资金是农业资金最重要的组成部分，也是对农业产出影响最大的农业资金。

（2）农业产品销售资金

农业产品销售资金是指在农产品的销售过程中周转使用的流动资金或消耗的销售费用支出。具体来说，包括农产品销售过程中发生的对收获后的农产品进行维护、存储、运输和市场交易等所需的农业资金。农产品的销售资金是农产品市场价值实现的重要保证。

（3）农业基础设施资金

农业基础设施资金是用于修建农业水利设施、农田改造、农村道路、电力通信线路及其他农业生产所需基础设施的资金。农业基础设施资金是农业基础设施建设、维护、更新的基本保障，也是农业生产、销售和其他农业经营活动的基础。

（4）农业科研及推广资金

农业科研及推广资金是用于农业科学技术的研究、农业技术的试验、农业技术的示范推广以及提供农业技术服务等所需的资金。农业的发展离不开农业科技进步，而农业科研推广资金就是保证农业科学研究、技术进步、技术推广应用的基础。

（5）农业公共服务资金

农业公共服务资金是指用于农业公共信息、农业气象、农业教育、农业管理等公共服务项目的资金。由于农村公共服务经济上的外部性，往往会导致其在市场经济中的私人供给不足或无效率。通过政府、集体或个人集资等方式提供的农业公共服务资金是保证农业公共服务有效提供的基础前提。

3. 按农业资金投入农业生产领域的性质进行分类

（1）用于农业私人产品的农业资金

用于农业私人产品的农业资金，是指农业投资主体投入具有排他性和竞争性的农产品生产的资金。由于私人产品投资的竞争性和排他性，在市场经济中完全可以由经营者个人来提供，并由经营者按照市场情况和自身条件进行最优配置。

（2）用于农业公共产品的农业资金

用于农业公共产品的农业资金是指农业投资主体投入的具有非排他性、非竞争性的农业基础设施、农业公共服务等领域的农业资金。由于公共产品的特点会造成私人资金投入的低效率或无效率，因此，一般用于农业公共产品的资金投入应当由政府提供。

二、农业资金的利用与管理

（一）农业资金的来源

农业资金的来源渠道多样，在农业生产过程中，农业生产单位筹措农业资金的渠道主要有以下几种：

1. 国家投拨资金

国家在农业上投拨的资金主要有：为国有农业生产单位核拨基本建设资金和流动资金；为农业科研、教育、气象等部门及所属事业单位核拨经费；为整治河流、兴建水库、水电站、营造防护林、整治沙漠、保护草场等专项投资；对于一些以生产单位自筹资金为主的生产项目，国家也给予适量的资金补助，如农田水利、水土保持、养殖基地、农科网建设补助等；此外，还有地方财政和农业主管部门用于农业的各项支出，以及提高农副产品收购价格、减免农业税费等。

2. 农业自身积累

农业自身的资金积累主要来源于集体积累和农民投资两个方面。集体积累的主要来源是各基层生产经营单位依合同约定向合作经济组织提交的积累，主要有公积金、职工福利基金、新产品试制基金和国家下拨的农田基本建设资金等。随着国家或集体对农业基本建设投资的逐步增加，生产条件不断改善，尤其是一些开发性项目的完成以及农业产值的逐年增加，使农业的集体积累不断扩大。农民投资包括用于家庭经营的自筹资金和参加农业合作经济组织的入股资金。现阶段我国农业普遍实行以家庭经营为主的经营形式，特别是随着从事不同生产项目的专业户和各种新经济联合体的日益壮大，农民的投资已成为农业内部自筹资金的主要来源。

3. 借入资金

借入资金是指农业生产经营单位向商业银行、信用社等金融机构所贷入的款项及结算中的债务等，这部分资金只能在一定期限内周转使用，到期必须还本付息。借入资金的主要渠道有两种。一是从商业银行、信用社贷款。贷款是筹集资金的重要渠道，只要经济合算，有偿还能力，在农业生产中也就可以争取和利用各种贷款。二是发行债券。具备条件的农业企业或经营组织，可以通过发行债券的方式，将社会上的闲置资金集中起来，用于农业生产。

4. 商业信用

商业信用是指以预收货款或延期付款方式进行购销活动而形成的借贷关系，是生产单位之间的信用行为。商业信用的主要形式有两种，即先提货后付款、先收款后付货。商业信用是生产单位筹集资金的一种方式，随着我国市场经济的发展，商业信用将被更加广泛地运用，在农业生产中也应该积极利用这种形式来筹集所需的农业资金。

5. 利用外资

随着我国的经济开放和资本的国际流动，来自国外的资本成为农业资金的一个新来源。国外农业资金包括以下几种：一是来自国际经济组织的资金，如联合国、世界银行等；二是来自外国政府的援助或农业投资项目；三是国外的金融机构、公司或个人进行的农业投资。改革开放以来，我国一直将农业作为鼓励外商投资的重点领域之一，但农业利用外资的数量与其他产业相比依旧偏少，农业利用外资潜力巨大。

（二）农业投资的概念及其分类

农业投资是指在农业生产领域，以资金投入的形式组织资源投放，进而形成农业资本或者资产的活动，它是促进农业生产发展的必要手段。按照农业投资活动主体的不同，农业投资结构可以分为政府财政对农业的投资、农村集体投资、农户投资和企业农业投资。

1. 政府财政对农业的投资

政府财政对农业的投资主要是指以政府机构为主体进行的农业投资。从具体形式上看，主要包括以下几个方面：一是政府为国土资源整治、流域开发、水利设施建设、环境改造等方面所提供的资金投入或补贴，主要用以改善与农业生产发展相关的自然环境条件；二是政府对农业科学技术研究、农业和农村教育以及农业试验示范基地建设的资金投入支持；三是政府兴办各种农业服务组织机构为农业生产提供免费服务的投入；四是政府通过信贷政策扶持，为农业生产发展提供所需要的优惠贷款；五是政府通过各种形式的农产品价格支持、农村生产生活资料供给的优惠补贴等措施，促进农业生产发展和农民收入水平提高等方面的资金投入。各国农业生产发展的经验表明，政府财政对农业的投资，始终是促进农业生产发展最重要的动力。

2. 农村集体投资

农村集体投资主要是各级农村集体单位为促进农业生产发展所进行的投资，包括农田水利建设工程投资、生产用大型农业机器设备等生产资料的购置等。农业集体投资是农业投资主体结构中重要的组成部分之一。

3. 农户投资

农户投资是指直接从事农业生产经营活动的农户所进行的农业投资行为，包括农业生产的直接投入、小型农业生产设施的修建、农业生产资料以及农村居民生活消费资料的购置等方面的投入。由于农户是农业生产中最直接的经营主体和最基本的经营单位，因此从规模上讲，农户投资是最为主要的农业投资主体。

4. 企业农业投资

企业农业投资是指以涉农企业为主体的投资，包括一些专业化从事与农业相关的生产或服务的内资企业和外资企业。这类企业通过提供农业产业服务，直接增加农业资本投入，在获得投资收益的同时促进了农业生产的发展。农业企业一般具有规模、技术、管理、资金、信息和人才等优势，因此在农业生产中具有举足轻重的地位和作用，是实现农业产业化经营和农业现代化发展的组织带动者。

（三）我国农业投资的现状

农业投资是农业生产发展的第一推动力，农业生产的健康稳定和可持续发展都离不开农业投资。但由于受到农业的弱质性、生产周期长、投资经营中存在自然风险和市场风险、投资收益不高等因素的影响，我国的农业投资还面临着各种各样的问题。

1. 政府财政对农业的投资状况

随着我国经济的发展，国家财政收入大幅度增加，对农业的财政投入也有较快的增长，对促进农业和农村经济的稳定发展起到了重要的作用。

（1）财政对农业投资的体制不健全

改革开放以来，我国财政投资体制发生了深刻的变化，逐渐形成了投资主体多元化、投资渠道多元化和投资决策分散化的新格局。但目前我国财政投资体制仍不完善，主要表现在管理体制混乱、资金使用效率低下等方面，这些问题在财政对农业投资方面也有相应的体现。一方面，财政对农业投资多头管理，局面复杂混乱。目前，我国政府财政对农业投资的渠道比较多，这些不同渠道的投资又分属不同的部门管理，导致多头审批、条块分割、相互之间协调不够等问题，不仅造成资源分散、难以形成合力，而且在资金的使用方向、实施范围、建设内容、项目安排等方面不同程度地存在重复建设问题。另一方面，财政对农业投资的资金使用效率低下。我国的财政拨款由各级政府职能部门安排使用，但因缺乏强有力的监控，往往存在大量的乱支、挪用、浪费等不良现象。而且，很多地方政府为了追求政绩，盲目开发一些诸如农业开发区等形象工程，造成财政对农业投资资金的严重浪费。另外，由于投资风险意识和约束手段缺乏，政府财政对农业投资失败的责任归属不清晰，也使财政对农业投资资金损失严重。

（2）财政对农业投资的结构不够合理

我国财政对农业投资结构不合理的主要表现包括以下几点：

第一，财政对农业的投资主要用于支援农村生产支出和用于农林、水利、气象部门事业费，而用于农业基本建设、农业科技和农村基础设施的投入比重较低。

第二，各级财政对农业基本建设投资中，用于大中型、带有社会性的水利建设比重较大，而对农民可以直接受益、与农业生产直接相关的中小型基础设施建设的投资所占比重较小，因而对农业经济增长的贡献较小。

第三，财政对农业投资的地区分布不平衡。由于财政对农业投资中各级地方政府财政投入所占的比重在80%以上，因此地方政府的财力差异直接影响财政对农业投资的地区结构。一般来说，东部沿海地区经济发达，地方政府的财政实力较强，因此在我国的农业投资总量中占很大比重；而广大中西部地区由于经济相对落后，地方政府财力不济，因而农业投资难以得到政府财政的很大支持，从而导致与东部地区农业生产发展的差距越拉越大。

2. 农村集体投资状况

我国农业在实行家庭联产承包责任制之后，农村集体将土地分给农户自主经营，农村集体从直接的农业生产中退出，同时也摆脱了计划经济体制的束缚，获得了农业投资的自主权。但目前农村集体对农业的投资主要集中于农业固定资产投资，而对不具有普遍受益性的化肥、农药等农业流动资产的投资很少，几乎完全由农户自己投资。同时，由于受到农村集体经济力量削弱、集体资产产权不明晰、集体农业投资的收益率不高等因素的影响，农村集体对农业投资的动力不足、力度不够，在农业总投资中的比重始终偏低。近些年来，我国农村集体固定资产投资占全社会固定资产投资额的比重一直保持在11%～12%的较低水平，虽然略高于农户个人的固定资产投资，但相对于全社会投资规模来说明显偏低，且农村集体投资中的相当大部分投向了乡镇企业等非农领域，对农业生产的促进作用非常有限。

3. 农户投资状况

农业属于弱势产业，其自身的积累水平很低，因而农户进行农业投资的能力非常有限。改革开放后，农村家庭联产承包责任制的实施，使农民收入和农业积累水平有了较大程度提高，农户具有了一定的农业投资能力，成为独立的农业投资主体。但目前我国农户对农业的投资仍存在以下几方面问题：

第一，农户的投资行为仍具有短视性。我国农户在农业投资过程中，更重视短期投资收益，忽视长期投资；大量农户在农业生产中仍以维持农业的简单再生产为主，仅购买当期农业生产所需要的化肥、农药、种子等生产资料，而对农业扩大再生产的投入较少。

第二，农户投资土地仍具有保守性。由于农业生产具有低收益的特性，农业投资回报率相对较低，农户对土地的投资积极性也逐渐降低。在以家庭为单位的农业生产经营过程中，农户对土地的投资比较保守，保持现状的倾向很明显。

第三，农户投资存在非农化倾向。以家庭为单位的农户自主经营，以及农业生产的低收益性，导致农户对农业的投资日益兼业化和副业化。特别是我国特有的工业化发展过程中，对农民工的大量需求也使得农业投资对农户的吸引力越来越小，农户对农业投资的积极性不断下降。

第四，农户投资具有分散性。我国农户家庭所耕种的土地量很少，这就决定了多数农户不具备实现机械化生产的经济基础，从而使得农户不可能成为实现农业机械化的基本经营载体，也影响了我国农业生产规模经济的实现。

4. 企业农业投资状况

企业投资于农业比其他农业投资主体更具有资金、技术、管理经验等方面的优势，因此企业投资农业对我国农业的现代化、产业化发展具有重要的意义。但目前我国企业对农业的投资也存在一些问题，主要表现在以下几方面：

第一，与农业生产接触最近的农村乡镇企业对农业投资的比例不高。由于农业的低收益特点，使得乡镇企业不愿意投资于农业生产；加之我国发展乡镇企业的出发点和主要导向是着眼于转移农村剩余劳动力，而不是强调对农业的投资和发展农业生产，因此乡镇企业对农业生产的投资比例不高。

第二，企业对农业投资规模不大。虽然我国企业对农业生产投资的规模在不断扩大，但总体而言，我国企业在农业投资结构中所占的比重还很低。除少数具有相对较高的比较优势，尤其是资源优势的项目之外，我国多数企业一般很少涉及对农业生产的投资。

第三，企业对农业投资的产业化程度不高。我国的农业科技水平与国际先进水平相比还有较大差距，我国农业生产、加工、流通的产业化水平还比较低，这使得我国农产品在国际市场的竞争力不强，因而更加依赖政府提供大量的农业补贴来维持我国农业的发展。

总之，目前我国企业对农业的投资对我国整体农业生产发展的带动作用十分有限，还有很大的潜力可以挖掘。

（四）农业资金的投资管理

农业投资在农业生产及经营活动中发挥着重要作用，是农业生产实现产业化和现代化发展的重要保障和推动力，因此必须加强对农业投资的管理，重点是做好对农业投资的资金管理，并提高农业投资的效率。

1. 农业投资的资金管理

农业投资过程中，农业资金投放于不同的农业生产环节，进入农业生产的方式不同，其运行和转移的方式也各不相同，要发挥其功能效用，就需要加强对农业资金使用和周转的管理。

（1）农业流动资金的管理

①流动资金的概念及组成

流动资金是指垫支在生产过程和流通过程中使用的周转金，它不断地从一种形态转化为另一种形态，其价值一次性转移到产品成本中去。农业流动资金是在农业生产过程中的周转金，它一般由以下几部分组成：

a. 储备资金，指各种农业生产中所需的储备物资所占用的资金，包括种子、饲料、农药、化肥、燃料及修理用材料等。

b. 生产资金，是指在农业生产过程中占用的资金，如各种在产品、半成品等所占用的资金。

c. 成品资金，是指可以对外出售的各种农业产成品所占用的资金。

d. 货币资金，是指农业生产经营主体的银行存款、库存现金及其他货币资金。

e. 结算资金，是指农业生产经营主体在供应、销售和内部结算过程中发生的各种应收、预付款项等。

②农业流动资金的循环周转

农业生产的过程是一个周而复始、连续不断进行的过程，因此农业生产中的流动资金的循环和周转也是一个不间断的过程。农业流动资金一般从货币形态开始，依次经过农业生产中的采购、生产、销售三个阶段，表现为原材料、在产品、产成品三种不同的存在形态，最后又回到货币形态。

③提高农业流动资金利用效率的途径

a. 加强农业生产中物资供应储备环节的管理，主要是加强生产资料采购的计划性，防止盲目采购，同时制定合理的物资储备定额，及时处理积压物资，将储备物资的流动资金占用量控制在最低限度。

b. 加强农业生产环节的流动资金管理，主要是确定合理的农业生产结构，改进农业生产组织方式，努力降低农业生产的成本，增加收益；同时尽可能地缩短农业生产周期，因地制宜地把不同生产周期的农业生产项目结合起来，开展农业多种经营，以便均衡地使用农业生产资金。

c. 加强农产品流通环节及其他环节的管理，主要是及时组织农产品销售，抓紧结算资金的回收；同时要加强农业贷款安排的计划性，合理确定信贷资金的规模和期限结构，减少成品资金和结算资金的占用量。

（2）农业固定资金的管理

①农业固定资金的概念及特点

农业固定资金是指投放于农业生产资料方面的资金，主要是农业生产经营活动所需的建筑物、机械设备、运输工具、产畜、役畜、多年生果树、林木等实物形态的固定资产占用的资金。农业固定资金的特点是由农业固定资产的特点所决定的，农业固定资产可以多次参加农业生产经营过程而不改变其形态，其价值随着在使用过程中的磨损逐步转移到农产品成本中去，并通过折旧的方式从农产品的销售收入中得到补偿。所以，农业固定资金的周转速度较慢，需要经历固定资产整个使用时期才能周转一次。

②农业固定资产的计量

农业固定资产的计量是指采用货币形式将农业固定资产登记入账并列报于会计报表。正确地进行农业固定资产计量能够保证农业固定资产核算的统一性，为计算农业固定资产的折旧提供依据。农业固定资产计量可根据其来源分别按以下属性来进行：

a. 按历史成本来计量。在历史成本计量下，农业固定资产按照购建时的现金或者现金等价物的金额来计量，即购入的农业固定资产，按照其买价加上支付的运杂费、保险费、包装费、安装成本、税金等进行计量。自行建造的农业固定资产，按照建造过程中实际发生的全部费用支出来计量，包括专门借款的利息费用资本化的部分。投资者实物出资投入的农业固定资产，按照评估确认或者合同、协议约定的价值计量，合同或协议价不公允的除外。融资租入的农业固定资产，按照租赁协议或者合同确定的价款加运输费、保险费、安装调试费等进行计量。接受捐赠的农业固定资产，按照发票账单所列标价来计量；无账单的，按照同类资产的重置成本或现值来计量。

b. 按重置成本计量。在重置成本计量下，农业固定资产按照现在购买相同或者相似资产所应支付的现金或者现金等价物的金额来计量，当农业生产单位取得无法确定其原始价值的农业固定资产时，按照同类固定资产的重置成本计算。

c. 按现值计量。在现值计量下，农业固定资产按照预计从持续使用和最终处置中所产生的未来净现金流量的折现值来计量，这种计量方式适用于接受捐赠未取得发票也没有同类资产可供参考的情况。

d. 按公允价值计量。在公允价值计量下，农业固定资产按照公平交易中熟悉市场的双方都能接受的价格计量。

③农业固定资产的折旧

农业固定资产折旧是指农业固定资产在使用过程中发生磨损、并转移到农产品成本费用中去的那一部分的价值。农业固定资产磨损包括有形磨损和无形磨损两种情况，其中有形磨损是指由于物质磨损、侵蚀等而引起的农业固定资产的价值减少；无形磨损是指由于科学技术进步而导致的农业固定资产的价值减少。

a. 农业固定资产计提折旧的范围。已提足折旧继续使用的农业固定资产和按规定单独估价作为固定资产入账的土地不计提折旧，其他农业固定资产均计提折旧。农业固定资产应按月提取折旧，为了简化核算，当月增加的农业固定资产当月不提折旧，从下月起计提折旧；当月减少的农业固定资产，当月还应计提折旧，从下月起不再计提折旧。对于提前报废的农业固定资产，不再补提折旧。所谓提足折旧，是指已经提足该项农业固定资产应提的折旧总额。从数量上看，应提折旧总额等于农业固定资产原价减去预计残值再加上预计清理费用。

b. 农业固定资产的折旧方法。农业固定资产计提折旧的计算方法主要有平均年限法、工作量法、年数总和法和双倍余额递减法四种。农业企业或农业经营单位应根据农业固定资产的性质和消耗方式，确定合理的预计使用年限和预计净残值，并根据生产技术发展水平、环境及其他因素，选择合理的折旧方法。

④提高农业固定资金使用效率的途径

a. 合理购置农业固定资产。在农业资金投入有限的情况下，尽量选用通用的农业固定资产，以减少对农业固定资金的占用量。

b. 科学计提农业固定资产折旧。一方面要选择恰当的折旧方式，使该收回的农业固定资金早日收回；另一方面，确定好计提折旧的农业固定资产的范围，该计提折旧的都要计提折旧，不该提折旧的农业固定资产不再计提折旧。

c. 加强农业固定资产管理。定期进行清查盘点，及时处理不需要的农业固定资产，使未使用的农业固定资产及早投入使用，使不需要的农业固定资产及时得到处理；同时建立和健全农业固定资产的保管、维修、使用和改造制度，使各种农业固定资产经常处于技术完好状态，延长使用寿命，提高农业固定资产的生产能力和使用效率。

2. 提高农业投资效率的对策分析

加强对农业资金的管理，其中最重要的环节是要提高农业投资的效率，要以加快农业生产发展为目标，从体制、市场、民生、文化、管理等多个方面入手，促进农业投资增效，使各类农业投资用到实处、发挥最大作用。当前，要提高我国农业投资的效率，应该做好以下几方面工作：

（1）提升各级政府对农业投资的投资效率

首先，要加强各级政府对农业投资的导向性作用和示范性作用，通过更有效的农业补贴，吸引更多的投资进入农业生产领域，增加农业资本投入；其次，加快建立符合我国国情的政府投资监督体系，提高政府资金的运行效率，简化政府投资的多头管理体制，尤其是防止对农业资金的占用；再次，加强政府对农业投资项目的科学论证，把长期利益和短期利益结合起来，建立合理的投资决策机制和评估机制；最后，加快建立健全专门针对财政农业投资的法律法规，以利于财政农业投资的依法实施和组织，以及农业财政投资的监督保障职能的发挥。

（2）提升农村集体经济组织的农业投资效率

农村集体经济组织对农业的投资，应该集中在为当地农业发展提供基础设施和生产服务，以及提供农业公共品等方面；要进一步理清农村集体经济的产权问题，明确农村集体经济组织在农业投资中的边界，发挥好农村集体经济组织投资对政府农业投资和农户投资的补充作用。

（3）促进农户投资增效

农户是最直接的农业生产经营者，也应该是农业投资的最大受益者。为了鼓励农户加大对农业生产的投资，除了政府要加大农业保护和补贴以增加农户投资收益之外，还应该着眼于市场，增强农产品的专业化生产，提升其市场竞争力，提高农户投资收益；同时要鼓励农户进行规模化经营，引进先进的农产品深加工技术，提高农产品的附加值，提升农户投资的效益。

（4）提高企业的农业投资效率

一方面，要充分利用各种优惠措施和政策，引导和鼓励内外资企业加大对农业投资，加快农业先进技术成果通过企业向农业生产转化，从而提升农产品的科技含量和竞争力，增加农产品生产和销售的利润空间；另一方面，进一步完善农产品市场，为农产品的生产、加工和流通领域的产业化发展建立市场基础，促进农产品的商品化生产，提高企业对农业投资的效率。

总之，农业是我国国民经济继续健康发展的基础，而农业资金投入是农业稳定发展的前提和保障。因此，提高农业投资效益，增加农业资金投入，是我国农业现代化和产业化发展的必由之路。合理利用农业资金，提升农业投资效益，探索符合我国国情的农业高效发展模式，对于我国国民经济发展和社会主义新农村建设，都具有十分重要的意义。

三、农村集体资金资产资源管理

在我国当前的农业投资中，政府财政资金的投资规模和力度不够、结构不合理，而农户投资和企业投资的资金力量薄弱、投资意愿不强烈，因而农村集体就成为最重要的农业投资主体。要加强对农业资金的投入和利用管理，关键是要加强对农村集体资金、资产、资源的管理，增加农村集体对农业的资金投入，提高资金的利用效率。具体内容如下：

（一）加强农村集体资金、资产、资源管理的意义、目标和原则

农村集体资金、资产、资源属于村（组）集体经济组织（以下简称集体经济组织）全体成员集体所有，是发展农村经济的重要物质基础。加强农村集体资金、资产、资源管理，有利于稳定和完善农村基本经营制度，维护集体经济组织和农民群众的合法权益；有利于盘活农村集体存量资产，增加农民财产性收入；有利于壮大农村集体经济实力，增强集体组织为农户服务的功能；有利于推进农村党风廉政建设，密切党群干群关系。各级农村经营管理部门要充分认识加强农村集体资金、资产、资源管理的重要意义，切实把这项工作抓紧抓好。

农村集体资金、资产、资源管理工作，要以邓小平理论和"三个代表"重要思想为指导，深入贯彻落实科学发展观，立足于稳定和完善以家庭承包为基础，统分结合的双层经营体制，切实维护好、实现好、发展好农民群众的根本利益，按照健全农村集体资金、资产、资源管理制度，做到用制度管权、管事、管人的要求，健全制度、规范管理、强化监督、加强服务，逐步形成产权明晰、权责明确、经营高效、管理民主、监督到位的管理体制和运行机制，促进集体经济发展壮大，促进农民收入增加，促进农村经济社会又好又快发展。

农村集体资金、资产、资源管理要充分体现农民群众的主体地位，切实维护农民的权益。必须坚持民主的原则，保障集体经济组织成员对资金、资产、资源占有、使用、收益和分配的知情权、决策权、管理权、监督权。必须坚持公开的原则，资金的使用和收益应当向全体成员公开，资产和资源的承包、租赁、出让应当实行招标投标或公开竞价。必须坚持成员受益的原则，遵循资金、资产、资源管理的规律和特点，采取不同的经营模式和

管理方式，提高经营管理水平，节本增效，确保资金、资产、资源的安全和保值增值，让农民群众随着集体经济壮大，得到更多的实惠。

（二）建立健全农村集体资金、资产、资源管理制度

农村集体经济组织代表其成员行使农村集体资金、资产、资源的管理职责，要有效地履行管理职责，提高农村集体资金、资产、资源的投入和利用效率，必须建立健全各项管理制度，做到有章可循，按制度办事。

1. 规范农村集体资金管理制度

（1）财务收入管理制度

集体经济组织的经营、发包、租赁、投资、资产处置等集体收入，上级转移支付资金以及补助、补偿资金，社会捐赠资金，"一事一议"资金，集体建设用地收益等，应当及时入账核算，做到应收尽收。严禁公款私存、私设小金库。要加强票据管理，杜绝"白条"抵库。要定期与开户银行核对账目，定期盘点库存现金，做到日清月结，账款相符，账实相符。

（2）财务开支审批制度

日常开支按规定程序审批，重大事项开支应当履行民主程序。财务开支事项发生时，经手人必须取得合法的原始凭证，注明用途并签字（盖章），交民主理财小组集体审核。审核同意后，由民主理财小组组长签字（盖章），报经主管财务的负责人审批同意并签字（盖章），由会计人员审核记账。财务流程完成后，要按照财务公开程序进行公开，接受全体成员监督。

（3）财务预决算制度

年初应当编制全年资金预算方案，按民主程序形成决议并张榜公布；预算调整时，要严格履行相关程序。年终应当及时进行决算，并将预算执行情况和决算结果向全体成员公布。

（4）资金管理岗位责任制度

明确各财务管理岗位的职责、权限，实行账、款分管，支票、财务印鉴分别保管。实行会计委托代理的地方，要按照会计核算主体分设账户（簿）。应当尊重各集体经济组织的资产所有权和财产管理自主权，不得改变集体资金的性质。

（5）财务公开制度

集体经济组织应当将财务活动情况及有关账目，定期逐笔逐项向全体成员公布，接受群众监督。年初公布财务收支计划，每月或每季度公布各项收入、支出情况；年末公布各项财产、债权债务、收益分配等情况。

2. 健全农村集体资产管理制度

（1）资产清查制度

定期进行资产清查，重点清查核实集体经济组织所有的各种资产、负债和所有者权益，做到账实、账款相符。

（2）资产台账制度

集体所有的房屋、建筑物、机器、设备、工具、器具和农业基本建设设施等固定资产，要按资产的类别建立固定资产台账，及时记录资产增减变动情况。资产台账的内容主要包括：资产的名称、类别、数量、单位、购建时间、预计使用年限、原始价值、折旧额、净值等。实行承包、租赁经营的，还应当登记承包、租赁单位（人员）名称，承包费或租赁金以及承包、租赁期限等。已出让或报废的，应当及时核销。

（3）资产评估制度

集体经济组织以招标投标方式承包、租赁、出让集体资产，以参股、联营、合作方式经营集体资产，集体经济组织实行产权制度改革、合并或者分设等，应当进行资产评估。评估由农村经营管理部门或具有资质的单位实施。评估结果要按权属关系经集体经济组织成员的全体村民会议或村民代表会议确认。

（4）资产承包、租赁、出让制度

集体资产实行承包、租赁、出让应当制订相关方案，明确资产的名称、数量、用途，承包、租赁、出让的条件及其价格，是否招标投标等事项；同时履行民主程序。集体资产承包、租赁、出让经营时，应当签订经济合同，明确双方的权利、义务、违约责任等，并向全体成员公开。经济合同及有关资料应当及时归档并报乡（镇）农村经营管理站备案。

（5）资产经营制度

集体资产实行承包、租赁、出让经营的，要加强合同履行的监督检查，公开合同履行情况；收取的承包费和租赁金归集体经济组织所有，纳入账内核算。集体经济组织统一经营的资产，要明确经营管理责任人的责任和经营目标，确定决策机制、管理机制和收益分配机制，并向全体成员公开。集体经济组织实行股份制或者股份合作制经营的，其股份收益归集体经济组织所有，纳入账内核算。要定期对集体资产的使用、维护和收益进行检查，确保集体资产的安全和保值增值。

3. 建立农村集体资源管理制度

（1）资源登记簿制度

法律规定属于集体所有的土地、林地、草地、荒地、滩涂等集体资源，应当建立集体资源登记簿，逐项记录。资源登记簿的主要内容包括：资源的名称、类别、坐落、面积等。实行承包、租赁经营的集体资源，还应当登记资源承包、租赁单位（个人）的名称、地址、承包、租赁资源的用途，承包费或租赁金，期限和起止日期等。农村集体建设用地以及发生农村集体建设用地使用权出让事项等要重点记录。

（2）公开协商和招标投标制度

集体所有且没有采取家庭承包方式的荒山、荒沟、荒丘、荒滩，以及果园、养殖水面等集体资源的承包、租赁，应当采取公开协商或者招标投标的方式进行。以公开协商方式承包、租赁集体资源的，承包费、租赁金由双方议定。以招标投标方式承包、租赁集体资源的，承包费、租赁金应当通过公开竞标、竞价确定。招标应当确定方案，载明招标人的名称和地址，明确项目的名称、数量、用途、期限、标底等内容；招标方案必须履行民主程序。在招标中，同等条件下，本集体经济组织成员享有优先中标权。招标投标方案、招标公告、招标合同和相关资料应当报乡（镇）农村经营管理站备案。

（3）资源承包、租赁合同管理制度

集体资源的承包、租赁应当签订书面协议，统一编号，实行合同管理。合同应当使用统一文本，明确双方的权利、义务、违约责任等。上交的收入归集体经济组织所有，纳入账内核算并定期公开。经济合同及有关资料应及时归档并报乡（镇）农村经营管理站备案。

（4）集体建设用地收益专项管理制度

农村集体建设用地是集体资产和资源的重要组成部分，其收益归集体经济组织所有，主要用于发展生产、增加集体积累、集体福利和公益事业等方面，改善农民的生产生活条件，不得用于发放干部报酬、支付招待费用等非生产性开支。农村集体建设用地收益要纳入账内核算，严格实行专户存储、专账管理、专款专用、专项审计监督。

（三）强化民主管理和民主监督，推进农村集体经济管理方式创新

农村集体资金、资产、资源管理要适应农村改革发展的新形势、新要求，强化民主管理和民主监督，积极推进改革创新，增强集体经济组织发展的活力和为农户服务的能力。

1. 强化民主管理和民主监督

民主管理和民主监督是加强集体资金、资产和资源管理的基础，是完善集体经济组织管理体制和机制的重要方面。集体经济组织的年度财务预算和决算，年度收益分配方案，集体资金、资产、资源经营方式的确定及变更，购置或者处分重要固定资产，重大投资项目或举债，集体经济组织产权制度改革，以及其他有关集体资金、资产、资源管理的重大事项，都要依法召开本集体经济组织成员的全体村民会议或村民代表会议，履行民主程序。集体经济组织应当定期向本集体经济组织成员公布资金、资产、资源运营情况，听取本集体经济组织成员对集体资金、资产、资源管理工作的意见和建议，接受全体成员的监督。村务公开监督小组或者民主理财小组应当对集体资金、资产、资源管理的事项进行监督，对集体资金、资产、资源的使用、维护和收益分配不当的提出整改意见。

2. 推进农村集体经济组织产权制度改革

要稳妥推进集体经济组织产权制度改革，探索集体经济的有效实现形式。有条件但还未开展集体经济组织产权制度改革的地方，要加强调查研究，有计划地开展试点工作；已实行产权制度改革的集体经济组织，要建立健全股东大会或股东代表大会、董事会、监事会等机构，强化内部控制机制，完善经营管理制度，确立激励和约束相结合的运行机制。

3. 发展农民新的联合与合作

鼓励和支持集体经济组织利用资金、资产和资源，以入股、合作、租赁、专业承包等形式，与承包大户、技术能人、企业、技术服务机构等进行联合和合作，实现多元化、多层次、多形式经营，发展和壮大集体经济实力，增强集体经济组织服务功能。

4. 完善会计委托代理制

要在坚持民主自愿和集体资产所有权、使用权、审批权和收益权不变原则的基础上，进一步完善会计委托代理制。加强会计委托代理机构的建设，科学设置代理机构岗位，健全内部管理监督制度，规范代理服务工作流程，防止截留挪用集体资金。会计委托代理机构应当定期向集体经济组织报告账务代理工作情况，切实发挥服务、监督的职责。积极探索创新农村集体资金、资产、资源管理服务方式。

（四）切实加强对农村集体资金、资产、资源管理的指导、监督和服务

农村集体资金、资产、资源管理的指导、监督和服务，是各级农村经营管理部门的重要职责，要切实履行职责，加强农村集体资金、资产、资源的管理指导工作。

1. 加强农村集体资金、资产、资源管理的指导

各级农村经营管理部门要加强调查研究，结合实际制定农村集体资金、资产、资源保值增值的政策措施。要加强农村集体资金、资产、资源管理的法规建设，已经出台农村集体资产管理法规的省（区、市），要加大贯彻落实的力度，并根据改革发展中出现的新情况、新问题，完善相关规定；尚未出台的省（区、市），要抓紧制定有关农村集体资金、资产、资源管理的法规和制度。

要因地制宜，分类指导，帮助集体经济组织建立健全农村集体资金、资产、资源管理制度。

2. 强化农村集体资金、资产、资源管理的监督

各级农村经营管理部门要强化审计监督。对集体经济组织财务预算和决算、资金的使用和收益分配进行定期审计，对农民群众反映强烈的集体资金、资产、资源问题进行重点审计，对集体资产和资源的运营进行专项审计。要建立健全责任追究制度，对审计查出侵占集体资金和资产问题的，应当责成责任人将侵占的集体资金和资产如数退还集体经济组

织；构成违纪的，移交纪检监察部门处理；构成犯罪的，依法移送司法机关追究刑事责任。

3. 提高农村集体资金、资产、资源管理的服务水平

各级农村经营管理部门，要加强农村集体资金、资产、资源经济合同管理和服务，指导和帮助集体经济组织依法规范合同，签订合同，履行合同，调解处理合同纠纷。要指导和帮助集体经济组织以及实行会计委托代理制的乡（镇）会计委托代理机构，做好涉及农村集体资金、资产、资源管理的会议决定、承包租赁方案、经济合同、招标文书、财务会计等资料的立卷归档工作，实行电算化管理的地方应当进行电子归档。要定期对委托代理机构进行监督检查，提高服务质量。要加强队伍建设，县以上农村经营管理部门要积极争取培训经费，加大对农村集体财务会计管理人员、民主理财小组成员、乡（镇）村级会计委托代理服务人员、审计人员的培训力度，努力培养和造就一支高素质的农村集体资金、资产、资源管理队伍。

第七章　农业经济发展趋势

第一节　土地资源的保护

一、土地资源保护的发展

（一）土地资源利用与保护的发展特点

1. 土地保护与土地利用相伴相生

人类在发现"万物土中生"的同时，也发现了连作会使作物的产量越来越低，并采取了各种各样的措施以保护地力。在我国表现为施粪、耕、锄、耙等一整套耕作技术，并形成了间作、套作、轮作等土地利用方式；而在西方则表现为休闲、轮作等技术，土地利用与保护相伴相生。

2. 土地保护内涵和外延不断扩大

应该说最初的土地保护，是基于人类为生存空间而进行土地保护，保护土地的形式是通过设置土地产权，通过产权进行土地保护；而对于具备公共资源性质的土地，不仅需要设置产权制度，还要通过土地的相关法律、制度、政策来进行耕地保护，并通过土地规划实现对土地资源的保护。

从土地保护的内涵来讲，对于私人意义的土地资源，其内涵是保护权利人的利益不受侵害；而从公共资源角度来看，土地资源的保护主要围绕土地资源的数量、质量、生态安全、景观、文化特点以及生物多样性的保护等多方面，土地保护的内涵和外延随着人们对土地的需求转变而产生变化。

（二）我国耕地保护历史

自从有了人类的土地利用就有了土地的保护，中华民族是将土地利用得最好的国家，在长期的土地利用中，不仅形成了中华民族特色的农耕文化，也形成了农耕文化背景下的土地保护思想、技术和耕作方式，因此这些土地保护的思想和技术，使中国的土地资源呈现可持续利用的态势。中国长时期的农耕实行的"精耕细作"的方式，比如在渭河谷地，经过2000多年的耕作，土壤依然保持了较好的肥力，就是土地持续利用最好的见证。

在夏商周时期，中国祖先为了能够更好地适应环境，持续地利用土地，开始了最初的土地评价方面的探索，在这个时候，形成了很多的关于土地资源利用的文化，如"但存方寸地，留与子孙耕"等一些传统的土地保护的思想。

在中国农耕社会的发展过程中，不仅形成了关于土地保护的朴素主义思想，还产生了很多的土地保护的利用模式，比如珠江三角洲的"桑基鱼塘"利用模式、云南的"哈尼梯田"模式；与此同时，也形成了适合于传统农业生产的土地耕作技术，比如有机肥施用技术、土地疏松技术等。中国传统的土地保护思想、模式和技术为我们现在的土地资源利用与保护提供了启示。

然而，真正意义上的耕地保护起源于20世纪80年代。

20世纪80年代以来，耕地急剧减少引起各界广泛关注。建设占用大量耕地的情况更引起党和国家领导的高度重视。制止乱占滥用耕地的政策文件陆续出台，党中央国务院率先颁布《关于加强土地管理制止乱占耕地的通知》，并决定设立国家土地管理局；随之全国人大颁布《土地管理法》，耕地保护的基本国策、法律和机构开始逐步形成。

为保证国家粮食安全，中国实行了最严格的耕地保护制度，建立了土地用途管制政策、耕地总量动态平衡政策、耕地占补平衡政策、耕地保护目标责任政策、农用地转用审批政策、土地开发整理复垦政策、土地税费政策、耕地保护法律责任政策和基本农田保护政策等。

我国人多地少，土地开发历史长、程度高，后备耕地资源有限，耕地保护不仅是国家粮食安全的保障，还是应对国际经济波动的武器，也是中国社会稳定的基石。因此，保护耕地不仅是保障耕地的数量、质量和生态环境，更为重要的是要守住中国文化赖以生存的空间。

二、土地资源保护的意义

（一）土地资源利用与保护的国家需求

1. 国家粮食安全资源保障的需要

粮食安全是指一个国家满足粮食需求以及抵御可能出现的各种不测事件的能力，其决定性因素是粮食生产及消费的能力和水平，同时和国家经济发展水平及外贸状况有着密切的联系。随着我国经济的快速发展，城市化进程加快，城市规模不断扩张，导致建设用地的大幅增加和耕地资源的不断占用。耕地面积的减少直接影响到粮食的生产和供给。

保证国家粮食安全，最根本的是保护耕地。首先，耕地提供了人类生活必需的粮、油、棉等主要农作物，而且95%以上的肉、蛋、奶产品也由耕地资源的主副产品转换而来。虽然农业科技的应用使耕地单产日益提高，但无论农业技术怎么提高，粮食生产都离不开耕地，因为粮食生产的基础是土地。我国耕地减少的年代，粮食安全就受到威胁。即使是农业科技相当发达的国家，如美国，也十分强调对耕地的保护。因为单产的提高难增加，并且提高空间日益缩小。随着粮食安全由供应保障向健康、卫生、营养理念的转变，化肥、农药等农业科技产品的应用空间逐渐减小，边际效益不断降低。世界农业从原始农业到石油农业，再到生态农业，回到了以注重耕地等自然资源保护和综合开发利用为主要内容的可持续发展道路上。与此相对应，从无害化食品、绿色食品到有机食品，对食品的产地环境质量提出了越来越高的要求。

2. 国家生态安全的需要

耕地是一种重要的自然资源，除具有的首要功能为食物生产外，还具有生态服务、经济（金融）安全和社会稳定等多种功能。

土地资源的生态服务功能。与各种自然植被、湖泊、沼泽等类似，土地的生态系统具有重要的生态服务功能，在生物多样性的产生与维持、气候的调节、营养物质贮存与循环、环境净化与有害有毒物质的降解、自然灾害的减轻等方面发挥着重要作用。此外，耕地作为人工生态系统，由于接受了更多的物质投入，是一个物质快速循环的高生产性生态系统，其生物生产量比林木和草坪大得多；与同面积的林木和草坪相比，农作物发生光合作用吸收的二氧化碳和释放的氧气也多得多。可见，土地资源有着重要的维护生态系统安全的功能，对于满足国家生态安全的需求有着重要的作用。

3. 传统文化传承的需要

土地利用是一个历史的范畴。人类数千年在这个土地上生活，人类历史的记忆、人类精神的传承、人类情感和审美的方式、人类一切的文明和创作，都留在这个土地上。

人在土地上生存，利用土地创造了难以计数的物质财富和精神财富，土地又以不同的地貌形成了人不同的聚落，以不同的环境构成人不同的生存文化，我们今天有酒文化、茶文化，实际上土地是一个更大的概念，是包容力更强、涵盖范围更广的一个文化平台。所以从文化的意义上讲，土地对于文化传承的作用不可估量。

4. 经济安全的需要

传统的经济安全主要指国家自然资源供给及资源运输通道的安全。随着全球经济一体化的加快，经济安全的观念逐步转变，将抵御外来经济干扰的能力放在首位，并开始强调市场的稳定运行，包括市场规模的提升以及市场结构的改善等。土地作为一种稀缺资源，它具有资源和资产的双重属性，并通过四个传导渠道来影响宏观经济。作为资源和要素，土地通过生态渠道和产业渠道影响宏观经济；作为资产或资本，土地通过信贷渠道和财政渠道影响宏观经济。

我们要充分发挥土地参与宏观经济调控的"闸门"作用，按照供给制约需求和节约、集约原则，在保障重大基础设施建设的前提下，对非农用地增长速度和规模加以控制。同时，还应重视建立土地资源循环经济机制，规范土地供应和开发行为，鼓励盘活存量用地，优化建设用地的配置结构，从而保障城乡经济持续健康地发展。

（二）土地资源利用与保护的关系

土地利用是人们为获得需要而对土地施加的资本、技术和劳动力等生产要素的干预过程，其具体表现在土地利用类型、土地利用方式和土地利用强度三个方面。由于土地资源的有限性和位置的固定性以及土地资源的特殊的生态过程及其影响，要保障土地资源的持续利用，必须采取一定的法律和政策以及道德等手段，对土地利用行为进行约束和规范，以保障土地资源的可持续利用。

两者之间需要在达到一种均衡与协调状态，以促进土地资源的可持续利用；围绕在土地利用的各个过程，两者之间既存在统一也存在对立。

土地利用改变土地利用类型、土地利用方式和土地利用强度，对自然的土地施加了影响，改变了土地利用和覆盖，从而对生态、经济以及社会各个方面产生影响，这些影响包括正面和负面的影响。正面的影响包括满足了人类获得衣食住行的需要以及文化精神的需要，在利用的同时，也由于利用方式不当，导致水土流失、土壤退化、耕地生产能力减低以及气候和水文变化等不利影响。

而土地利用保护就是要基于对于土地利用变化对生态环境可能产生影响的基础上，基于产权、法律、政策、道德文化等对土地利用方式进行限定，以保障对土地资源的持续利用。因此，土地保护是基于对土地利用变化及其变化过程的可能影响方面做出的有关制度安排、法律保障以及思想道德的约束，并在自然条件、法律和经济条件等约束下进行的土地保护的行动。

要进行更好的土地保护，就必须从研究土地利用及其变化驱动机制，分析土地利用变化过程，并对土地利用变化的可能影响进行分析，才能形成土地利用的保护方法以及相关的技术手段，保障土地资源的持续利用。

第二节　农业资源的可持续利用

　　农业资源，特别是农业自然资源，不仅被人为开发利用，其循环再生亦受人为干预，处于动态变化的状态。只有掌握了农业资源动态变化的规律、原因以及变化的趋势，才能拟订开发与利用农业资源的方案，农业资源的利用质量、数量才能在掌控范围内，其循环恢复状况才能在预计范围内，才能在开发与利用农业资源的过程中，保护农业资源，保证农业资源利用的长久性，使农业资源开发利用过程中的经济、资源、人口等众多元素之间保持平稳共同发展的状态，才可称之为农业资源可持续利用状态。

　　农业资源可持续利用的特点如下：

　　时间性：指的是未来人们对农业资源开发与利用的状态与现在人的相同，或者优于现在人们。显示着经过农业资源在开发与利用后质量无衰退，在时间上得以延续。

　　空间性：农业资源具有地域性，地域农业资源在其开发与利用的过程中，不能对其他地域农业资源造成负面影响，而地域内的一切农业资源，维持着循环平衡的相互依存关系。

　　效率性：农业资源开发利用过程必须"低耗高效"。农业资源可持续利用实现"低耗高效"，是以农业社会经济资源中的科学技术为基础的。在农业资源开发利用过程中，完善资源附属设施、采用先进的科学技术，以对农业资源最低的利用度来获取最大的农产品产量，实现农业经济的高效性。

一、农业可持续利用理论基础

（一）农业生态系统理论

　　生态系统理论可以看作是发展的心理学，是由生态学与心理学共同组成的新生学科。生态系统理论是由发展中心学的一位重要学者——布朗芬布伦纳（Brownfin Brenner）提出的个体发展模型，系统与个体之间彼此作用、彼此制约。简单来说，生态系统理论所要表述的主要观点有如下三个方面：

　　1. 态系统理论认为人生来就有与环境和其他人交流的能力，人与环境之间是彼此作用、互利共生的，并且人类个体能够与环境形成良好的彼此协调度。

　　2. 人类个体的行动是有目的的，人们自古以来便遵循着"适者生存、不适者淘汰"的生存原则，人类个体所存在的意义，是由环境赋予的。因此要理解人类个体，就必须将人类个体置于环境中。

3. 人类个体所面对的问题，是其在生活过程中所面临的一切问题。对人类个体所面对问题的理解和判定，也必须将此问题放置于人类个体所在的环境中。

农业生态系统理论，是以生态系统理论为前提，个体为生产利用农业资源的人类个体，生态系统理论所提及的"环境"，则是个体在农业生产活动中所涉及的自然环境以及社会经济环境。农业生态系统理论，表示着人类在农业生产过程中，人们既影响着环境，环境也对人们的生产的历程中产生一定的作用。而人类作为利用自然资源的主导者，只有科学合理地利用自然资源，与自然资源形成友好共处的关系，农业的生产才能达到一种生态平衡的现象，农业生产过程才能高质高效进行。

生态系统理论在农业资源利用过程中需要注意如下几个问题：

1. 人们在利用农业资源过程中所面临的许多问题，并不是完全由人们引起，自然资源是造成问题的主要原因。

2. 对农业资源利用个体的研究，要从生态系统理论所表述的四个系统角度综合分析，同时也要单独从四个系统的角度分别分析。

（二）农业资源可持续发展理论

20 世纪 80 年代，世界环境与发展委员会出版的《我们共同的未来》（*Our Common Future*）中使用了可持续发展，并对其进行了定义，内容为："持续发展是在满足现在人们的需要的前提下，又不对未来人们满足其需要的能力构成危害的发展。"然而要实现可持续发展，则在当前使用与利用的过程中，规定使用额度与限度，并通过统计计算，统计人口、经济、社会等一系列问题以及发展趋势，计算未来人们的使用需求。资源存储量不够时，现在人们应节约使用，并以"开源节流"的对策，在节制资源使用量之余，制定对策促进资源的恢复功能，以保证未来人们对资源的使用；资源存储丰富时，现在人们虽可按照需求量使用，但必须注意在使用过程中保护资源，切勿伤害资源的恢复功能，甚至要根据资源的形成过程与所需条件，为资源的恢复创造条件，提供契机。

农业资源可持续发展理论，是对人们在农业资源开发与利用过程的考察，是用来揭示人们在农业资源利用过程中，社会对人们利用资源、资源被利用的一种愿景，即农业资源的可持续发展。

1. 转变了对于传统的单纯经济增长而忽视生态环境保护的发展模式。

2. 由资源型经济过渡到技术性经济，统筹分析社会、经济、资源与环境所带来的收益。

3. 通过对新型技术的研发与利用，对农业生产方案做出优化，实行清洁生产与文明消费，提升资源的运用效率，减少废弃的水、气、渣的排放，协调农业资源与农业生产之间的发展关系。保证社会经济的发展不仅能够供应现在人们的消费需求，同时不会对未来人们的发展造成一定的威胁，最终目的是使社会、经济、资源、环境与人口持续稳定地发展。

二、农业资源可持续利用的途径与措施

（一）农业资源可持续利用的原则

农业资源可持续利用，应遵循以下原则：

1. 因地制宜

每个地区农业资源的基本特征不同，特别是农业自然资源方面。在实现农业资源可持续利用方针之前，应对区域农业自然资源作为资料采集以及数据分析，方能拟订农业资源利用计划与方案。

2. 利用和保护有效结合

农业资源可持续利用，并不是仅仅对农业资源的开发利用，更注重的是，在利用过程中对农业资源的保护。农业资源利用的方法、规模、密度等因素，均是保护范围之内。

3. 经济效益与生态效益相结合

农业资源的利用目的是产生一定的经济效益，在追求经济效益的同时，应维持区域内原有的生态效益，或者优化生态效益。

4. 局部与整体的和谐关系

农业资源所涉及的方面杂而多，农业资源利用的目的需要通过局部性与整体性的和谐统一。农业自然资源、农业社会经济资源以及农业环境资源，每种资源均须实现可持续利用的目标，区域内农业资源的整体性才能完整与高效，农业资源所产生的经济效益与社会意义才能长远。

（二）农业资源可持续利用的措施

1. 合理利用和保护耕地资源，首先需要制定一套完善的节约用地制度

节约用地制度体现的是一种集约的用地方法，对原耕地的用地方式以及新增用地的开发方式提出了要求。而节约集约用地机制，不仅是一套节约用地的长效机制，限制了新增用地的开发方式，同时也对新增用地的开发范围提出了要求。对建设型新增用地，提出了选址要求，其选址不应对耕地造成影响。节约集约用地制度，还需要对土地资源的评价和考核提出一套指标，对于耕地资源而言，应对其种植目的、种植品种、品种年限以及产出率提出要求；对于建设用地而言，应对其建设过程监督与管理，保证区域内用地的有效性

与生态型。

应将土地有偿使用机制进行改革，将其市场配置范围进行扩展。市场机制也就是产生市场经济效益，对于耕地资源而言，是促进节约集约用地方式的重要因素。对于耕地资源，将其国有土地有偿使用范围进行扩展；对于建设型用地，如工业用地，应将其土地储备制度进行优化，引入市场机制，盘活闲置、空闲和利用率较低的土地。

2. 大力发展生态农业

在利用自然资源的过程中，应以生态学与生态经济学作为理论依托，以全新的科学技术作为技术指导，以完善系统作为工程方案，让自然资源科学、高效地利用，实现低投入、高产出且维持生态平衡和谐发展的良好局面。

实现生态农业的快速发展应做到两点：首先，需要培养优秀的生态农业建设人才，指导各个区域生态农业发展的实行；其次，地区政府应在农村普及发展生态农业知识，培养村民发展生态农业意识，并将大力发展生态农业计划有组织、有条理地传达于村干部，形成政府监督村干部、村干部监督村民的紧密结构，将生态农业发展计划进行到底。只有生态农业计划实行，农业资源可持续利用的远景才能实现。在生态农业意识与计划普及的过程中，必须继续研发生态农业生产技术，比如耕地松土技术、施肥配方技术、浇灌技术等。

3. 强化市场作用

强化市场作用，带动结构优化。农业结构优化调整应深入研究潜在市场，找准切入点，进而科学引导农民主动进行农业结构调整，避免盲目调整、被动调整、从众调整和低层次调整，防止结构趋同；建立以产区为中心的区域性批发大市场和专业大市场，通过市场的引导和带动，形成农业主导产业和支柱产业。

4. 加大资金投入，升级农业产业结构

加大资金投入，开辟融资渠道。农业产业结构的优化升级，需要市场化运作、分工明确的投融资体系，引导社会资金流向，拓宽产业结构优化的投融资渠道。首先，应增加财政资金投入量，建立财政农业投入的稳定增长机制，形成稳定的财政支农资金来源；其次，应加大农业银行、农业发展银行和农村信用合作社等金融单位的信贷支持力度；最后，应积极引导民间资本和国外资本的投入，开发建设农业生产、加工项目。

5. 提升服务管理

改革管理体制，服务结构优化在宏观管理层面，转变政府工作职能，增强农业社会化服务功能，避免政府职能交叉、政出多门、多头管理，从而提高行政效率。在微观经营层面，应鼓励形成行业协会和大型农业企业，政府将社会职能让位于这些组织，逐渐从直接干预农业中退出。在农业政策方面，加大农业投入比重，完善农业信贷政策，建立农业专

项保险制度，降低农业结构调整风险。

6. 构建农业资源核算体系

建立农业资源核算体系，从量上系统地反映农业资源的开发利用状况，以及对资源利用过程中人口、经济、环境以及生态各个因素之间的内在系统性的体现，以数据的形式为资源可持续利用评价提供依照。农业资源核算体系的内容，包含了农业资源的核算方法、核算指标以及核算模型。

建立农业资源核算体系，不仅体现了农业各个资源之间的关系，同时统一规范了资源核算计量方法，使得各个区域的农业资源利用状况可统一计量，有效对比。农业资源核算体系，必须以相应的农业资源开发利用谱系作为评价指标，当核算数据超过指标则农业资源的利用状况不尽乐观，存在潜在危机，需要及时解决，而当核算数据在评价指标范围之内，则说明农业资源的利用具有可持续性，应保持原有的利用方式与状态，或者可进行优化利用。

7. 加强法制建设和管理

加强法制建设和管理，首先，将"一个平台、三个系统"有效实行。"一个平台"是指在建设产业集中的区域，通过产业的汇集促进生产主要元素的规模汇集和完善组合，形成竞争的有利条件及发展驱动，营造资本、技艺和英才新高地。"三个系统"：一是现代化产业系统，要求加快构建现代农业及工业主导的产业、高新技术的产业、现代服务产业和基础产业互相扶持、互助成长的产业系统，加快工业化进程；二是现代城镇系统，大力发展城镇化建设；三是自主创新系统，做好科研工作。"一个平台、三个系统"的实施内容要真真切切落实，在实际工作中还须灵活结合耕地利用相关制度，提高执法监察效果。

其次，建立立体化的监管体系。一是加强天空监管。以国家开展卫星执法监察为台阶，通过技术等提高卫星监测的密度、频率以及范围。通过卫星监测的方式，对所应关注的重点地区、重点时段以及重点项目进行实时有效的动态监测。二是加强地面落实。需要建立一套完善的动态巡查监管体系，对资源各个方面的利用监测应划分职责，明确监察任务。省、市、县要以大管小的模式，将巡查监管的责任落实到地区、岗位以及人，做到人人巡查监管，不留监管死角。三是加强网络化控制。通过网络系统即时监督与管理。传统的资源监管模式，是由下级主动将资源利用数据上报上级，而网络管理则可实现上级可自主通过网络系统，对资源利用数据进行调查。以图纸的形式作为动态检测平台，不仅促进上级对下级工作的监管，同时可以对资源利用计划进行"批、供、用、补"全方位即时监管。

最后，国家相关部门需要有效沟通与紧密配合，如执法局、建设局、土地管理局等。通过各部门之间的发展目标，营运计划，共同对农业资源的利用情况进行巡查、检查与监察。对违法乱盖的现象严令禁止、对顶风作案的行为严格惩罚。为促进各个部门工作的顺利进行，第一要对农业资源的有效利用做出一番传播，有效利用的重要性、有效利用的方法等方面的知识应通过教育的方式普及；第二，各部门之间应完善其工作职责，只有各自完善了工作职责，部门之间方能实现有效配合；第三，部门工作需要保持公平、公正的态度，对违法现象及时监察、果断处罚；第四，各个部门的监察工作需要公开透明，一方面让群众了解政府部门的工作性质、了解农业资源有效利用具备的法律意义，另一方面满足群众一视同仁之心，让群众自愿监管，自觉实行用地计划。

第三节　发展农业循环经济

农业循环经济实质上是一种生态经济，是对传统农业发展观念、发展模式的一场革命。发展农业循环经济，从根本意义上来说，是由农业大产业自身的特点和发展规律所决定的。宏观层面，农业循环经济是遏制农业污染，发展农业的一种机制创新，是提高农业资源利用效率的机制创新。从农业生态文明角度看，有学者认为发展农业循环经济是确保农产品安全、建设农业生态文明的最有效路径，是实现农业生态环境友好、建设农业生态文明的最佳载体。农业循环经济是建设社会主义新农村的需要，党中央在建设社会主义新农村规划中提出的生产发展、生活宽裕、乡风文明、村容整洁、管理民主的社会形态，这就必须营造良好的农村生态环境，农业循环经济中的原则，则是保护农村生态环境的必要条件，因此离不开农业循环经济的发展。

一、政府引导农业循环经济的必要性分析

可持续发展始终是一个动态的过程，必须不断积极探索新的实现形式以适应经济社会的发展。正是在这样的背景下，近些年来各地方政府和国家有关部委都将目光聚焦在了农业循环经济，普遍认为追赶发展循环经济的时代大潮是农业可持续发展的迫切需要。

（一）农业循环经济是保持农业可持续发展的有效途径

1. 以现代化为目标的农业可持续性要求，将循环经济与农业相结合以改造传统农业

可持续发展既是现代农业的出发点，又是其最终的目标，未来农业发展的趋势就是建立在可持续性基础上的现代化农业，农业发展的可持续性是一个内涵丰富的概念。高旺盛教授指出，主要体现为"三个可持续性"的协调发展，即生产持续性，保持农产品稳定供给，以满足人类社会发展对农产品的需求的能力经济持续性，不断增加农民经济收入，改善其生活质量的能力，主要体现于农村产业结构、农村工业化程度以及农民生活水平等方

面生态可持续性，人类抵御自然灾害的能力以及开发、保护、改善资源环境的能力。这种能力是整个农业发展与经济增长的前提，没有良好的资源基础和环境条件，常规式的现代农业就会陷入不可持续的困境之中。

然而，传统农业已不能同时满足生产持续性、经济持续性和生态持续性，尤其是在保护农业资源和环境方面显得无能为力甚至产生负面影响。在我国，传统农业生产的初级产品经过加工后，作为商品开始流通，在完成使用和服务价值后，部分商品变成垃圾，加剧了农业面源污染。循环经济源于可持续发展，它是人类发展到一定阶段受自然"胁迫"后反思的结果，发展循环经济就是对可持续发展道路的探索。而针对传统农业所进行的现代化改造，正是循环经济在农业领域展开探索的时代背景和阶段特征。只有在这个特定的阶段，农业循环经济的一系列思路和理念才能在保持农业可持续性和发展现代化农业的目标中发挥最大效用。

2. 循环经济适应农业可持续发展的内在要求，是积极、和谐地实现资源、环境与社会经济的可持续发展

农业作为直接利用自然资源进行生产的基础产业，是人类对自然资源与生态环境影响最大、依赖性最强的产业。农业可持续发展的核心是保护农业资源与环境，农业要实现可持续发展很重要的一点就是实现资源的可持续利用，这是本质所在。农业循环经济以资源的高效利用和生态环境保护为核心，以"减量化，再利用，资源化"为原则，如畜禽养殖冲洗用水可用于灌溉农田。也就是说，农业循环经济在资源利用方面强调利用自然生态系统中各要素的特性，形成空间上多层次和时间上多序列的立体多维的资源利用系统。

（二）发展农业循环经济有利于促进农民增收

农民收入是衡量农村经济发展水平的综合指标，是检验农村工作成效的重要尺度。农民收入增长缓慢，不仅影响农村经济的发展而且制约着工业品市场容量的扩大，不利于整个国民经济的发展。解决农民增收问题的思路不创新，不下大力气缩小城乡贫富差距，就不可能为我国的加工业和服务业提供大的市场，国内巨大的潜在消费能力就难以真正释放，平稳较快的经济增长就难以保持。

1. 有利于大大提高农业资源利用率，节约农民生产性开支，变废为宝

稀缺性、有限性是农业资源的特点，在客观上要求农业各项生产活动都必须十分珍惜利用农业资源，充分开发利用农业有机资源，尽可能提高农业资源的利用率，做到"吃干榨尽"。农业循环经济通过生物之间在生态链中的各个营养能级关系，相应地使剩余农业有机资源转化为经济产品，投入农业生产过程，替代或增加新的生产要素，使农民获得经

济效益，增加农民收入。

2. 有利于适度规模化生产经营的形成，变"粗放型"为"集约型"农业生产方式

尽管生态效益和经济效益同为政府和包括农民在内的社会公众所关心，但是在市场经济条件下，一种农业模式能否得到推广关键还是在于它能否带来经济效益。农业循环经济要求根据区域农业资源优势、产业结构特征以及废弃物特征和分布状况，实现区域范围的大循环，这无疑将加快由家庭小生产经营向集约化、规模化大生产经营方式转变，"集体化"可以提高农作物的单位产量，增加农民的生产性收入，并可以解放大量劳动力向城市和农村非农产业转移，增加农民收入的来源形式。例如在各地蓬勃发展的生态农业旅游、农家乐等都为农民致富开辟了广阔天地。促进农业生产规模化经营不仅可以降低农业生产的成本，增强农业抗风险能力，提高农业生产的经营效益，同时还可以将市场竞争中长期处于弱势地位的单个农民变为真正具有市场竞争和博弈能力的市场主体，增强农民的市场谈判能力，有效地保护农民权益，降低农民的交易成本，增加农民收入。

3. 有利于促进农民就业，带动人力资源开发

我们依据循环经济原理来分析农业循环经济促进农村人口就业的运行机制。循环经济要求各类产业或企业间具有产业关联度或潜在关联度，能够在各产业间建立起多通道的产业链接，实现产业或企业间的能源共享；提高供应链管理的水平，通过核心业务的选择和调整，进行有效的产业链整合，从根本上提高生产和服务的效率，减少能耗，提高产品和服务质量，提升核心竞争力。产业链的整合会促进产业的延伸和产业间的融合，促使第三产业向第一产业和第二产业的延伸和渗透以及工业、农业、服务业内部相关联的产业融合，提高竞争力，适应市场新需要。

因此，发展循环农业，通过产业链整合促进产业间的延伸整合，可以使内生就业机会增加，有效解决农民就业问题。农业循环经济要求农业生产是产业化的生产，形成一个良性运转的"产业链"或"产业网"。这提高了农业生产效率和人才资源配置效率，增加了农业就业机会。农业循环经济的发展还扩大了劳动密集型的园艺、畜牧、农产品加工等优势产业的规模，可以吸纳更多农村劳动力就业。

二、政府推动农业循环经济发展的对策措施

（一）制度建设是发展农业循环经济的基础

1. 推进农业循环经济法制建设

实践证明发展循环经济的主要杠杆，一是要靠经济、价格政策，二是要靠法律法规，

即法律规范机制，就是说要用立法方式加以推进，才能事半功倍。循环经济无论作为一种经济理论还是一种现实的经济模式，要在全社会范围内深入人心，要建立农业循环经济体系，实现农业可持续发展，必须建立一个强有力的法律支撑系统、一个规范的行为准则、一个明确的导向系统。发展农业循环经济是一场变革传统生产方式、生活方式的社会经济活动，需要明确的导向。没有明确的思想和价值观念为其指明方向，没有可靠的行为规范、行为准则来统一其行动，发展循环经济就会陷入混乱。因此，必须加强农业循环经济立法。也只有通过立法，才能把循环经济从一种经济理论转变为人人都能遵守的行为规范。目前，在农业循环经济发展方面，相关的法规制度还十分薄弱，因此，加快有关农业循环经济法制建设工作已是当务之急。应建立和完善农业生态环境保护法、农业废弃物无害化处理与利用标准、绿色农产品认证制度、市场准入制度、生态农业补偿制度以及生态农业发展的激励政策与机制。

法律具有强制和教育、引导的功能。加强农业循环经济立法，可通过发挥法律的强制作用，扭转农民陈旧落后的思想观念，提高其环保意识，使其逐渐抛弃自私自利的小农思想，用长远的眼光看问题，杜绝短期行为。同时，农业循环经济立法还可以充分发挥法律的引导功能，通过规定经济激励制度、技术支撑制度、信息服务制度及政府的职责等内容，帮助农民解决发展循环经济过程中遇到的资金、技术、信息等问题，化解发展农业循环经济可能给农民带来的风险，消除他们对发展农业循环经济的顾虑。

坚持循序渐进和因地制宜原则。全国性农业循环经济立法要兼顾我国区域发展差异条件下的不平衡性，地方性的农业循环经济立法要因地制宜，结合法律的前瞻性和可操作性，结合本地区的农业资源和生态资源情况、农业生产力发展水平，做到科学立法，增强立法的质量与效益。坚持政府引导和市场推进相结合。农业循环经济的发展要遵循市场经济规律，充分发挥市场经济所具有的市场联系、产品选择、收入分配、信息传递、经济引导与刺激、促进技术研发、供求总量平衡、促进政府执法方式转变和提高执法效能、促进贸易与经济发展等功能。但市场经济的这些功能具有互动性和自发性的特点，互动性和自发性如不受政府的合理干预就会产生市场失灵的问题。因此发展农业循环经济，必须强调政府适度的服务性、技术性和政策性引导甚至强制干预功能。在农业循环经济立法中，要把市场推进与政府引导结合起来，既要解决农业循环经济发展过程中市场失灵的问题，还要解决历史上形成的政府干预过度问题，不能越俎代庖，做一些本应由市场机制就能解决问题的事情。

坚持农业自然资源的开发利用和保护相结合的原则。自然资源是农业生产赖以发展的物质基础，丧失了自然资源，就丧失了农业的劳动对象，也就无法进行农业生产；农业自然资源受到破坏，就会影响农业生产的持续稳定发展。因此，必须合理利用并注意保护农业资源，才能保障农业的发展，对于开发利用农业自然资源的各种活动，必须加强监督管理。按照生态经济规律的要求，合理开发利用自然资源，并在开发利用过程中，保护好农业自然资源和农业环境，是促进农业生态系统良性循环，实现资源永续利用的关键所在。

2. 建立政府经济激励机制

法律法规体系的建立和完善能够为农业循环经济的发展提供坚强有力的后盾支持，做到有法可依，有据可循；能够规范各行为主体之间的关系。"但法律法规并非循环制度安排的唯一内容，西方国家的循环经济实践表明，经济手段同样具有十分重要的作用"，农业循环经济必须遵循市场经济一般法则，其主体是企业和农户。"经济人"的天然属性要求经济行为必须有利可图，事实上，无论是传统经济中企业的逐利行为造成的负外部性，还是实施循环经济后所形成的正外部性（生态环境效益），都可通过经济手段予以内部化。由于企业具有天然的"经济人"特性，使用经济激励可能比强制性制度获得更低的交易成本和更高的效率。

（二）政府生态服务职能是引导农业循环经济的保障

在我国现代政府范式系统中，生态服务型政府范式被视作服务型政府观念范式的具体表现形式，它是作为观念范式的"服务型政府"和作为操作范式的"生态型政府"相互嵌套和相互契合的产物。而所谓生态型政府就是指以实现人与自然的自然性和谐为基本目标，将遵循自然生态规律和促进自然生态系统平衡作为其基本职能，并能够将这种目标与职能渗透与贯穿到政府制度、政府行为、政府能力和政府文化等诸方面之中去的政府。因此，政府引导农业循环经济发展，政府本身应积极构建包括"生态服务型政府"内涵在内的服务型政府，完善政府生态服务职能。换句话说，政府生态服务的价值观念是政府生态服务实现的首要前提，也是政府生态服务实现的规则制度和操作理念及行为的内在灵魂。

从另一个方面来看，市场机制是农业循环经济运行的基础性制度机制，但农业循环经济并不是为经济而经济，它之所以优越于传统的农业经济发展方式，就在于其内含的生态价值导向。一方面是遵循市场经济的价值规律以使农业循环经济获得强大的生命力，而不至于仅仅停留于对改善环境的美好的理论想象；另一方面，存在于社会认可的经济价值背后的生态价值是农业循环经济发展模式的真正根基。正是如此，才使得农业循环经济从短期的经济利益出发，又超越经济利益而兼顾子孙后代赖以生存的生态环境。这样，政府的生态服务职能在农业循环经济生态价值发挥过程中起到关键的主导作用。一是农业生态环境作为比较典型的公共物品，具有广泛的公共意义，明显体现出社会的整体利益、公共利益和长期利益，而作为其他个人与组织都不具比较性的公共代表性的政府就必须承担相应责任。二是农业生态环境问题本身存在一定的跨区域性，其他组织和个人的合法性与强制性以及宏观调控能力都无法和攻府相比拟。三是生态公民社会的成长、企业生态责任感的增强还不足以取代政府在生态环境治理中的主导地位。相反，农业循环经济相关企业的生存成长、非政府生态组织的发育发展、公民的生态治理与意识、教育熏陶还需要现代政府发挥特有的培育、倡导和组织作用。四是我国大多数公民视政府为自己依靠的依赖型政治文化环境，更是需要政府在生态环境治理中居于主导地位和发挥主要作用。

（三）引导农民积极参与发展农业循环经济

马克思主义认为，人是一切经济社会发展的主体。人的自由而全面发展，是人类社会发展的终极目标。建设社会主义新农村，人是第一资源，没有农民素质的现代化，就不可能有农业和农村的现代化。

1. 转变农民的思想观念，促进农业循环经济理念扩散推广观念更新是发展农业循环经济的重要前提

农民的思想意识和价值观直接影响着农业经济的发展。要转变农民传统、保守的思想观念，树立循环农业发展观念，增强广大农民群众实施循不农业的积极性和自觉性，为循环农业的实施提供了强大的社会基础。因此，在农业教育、宣传中，要将转变其思想观念放在首位，应适时引导他们抛弃传统的小农意识，走出安于现状、不思进取的误区，自己融入发展市场经济和建设现代农业的大潮，使之感到只是经济时代已经到来，生产劳动不再是单纯的体力消耗，而是"技能+体能""知识+勤劳"的复合性支出。同时，使他们明白，在科技进步日新月异、世界经济发展突飞猛进的情况下，唯有不断接受教育，积极学用现代科技，才跟得上社会发展的节拍。要加强对农民的宣传教育，增强农民的资源忧患意识和环保意识，普及循环经济知识，逐步培养起节约资源、保护环境的生产方式和生活方式。

发展循环农业，需要农业劳动者不断学习新知识、掌握新技能，这就要求农民群众树立"终身学习"的理念。当前，农村人力资源开发的一个重要任务是培养农民的学习习惯、再学习能力，培养学习型的农村社会、学习型家庭，让农民经常学习，科学劳作，增大劳动中的知识含量，通过学习指导日常工作，从而减少各种损失，提高效益。

农业循环经济是知识经济。农民群众还要树立"知识致富"的理念。21世纪知识就是经济，谁拥有了知识，谁就拥有了财富。没有知识的土地是贫瘠的，农业人力资源开发，就是要让农民掌握知识，运用知识，耕耘土地，创造财富。开发农民的潜能，在生产中，变"体力劳动为主"为"脑力劳动为主"，运用各种工具辅助劳动，运用各种知识指导劳动，知识致富。

直接面向农民群众的基础领导干部在转变农民思想观念上具有表率作用。在农村现

实生活中，一旦正确的政策路线确立后，干部队伍便起着关键性作用。他们直接影响着政策路线正确实施。因此，转变落后的思想观念，首先要转变农村干部的思想观念。各级干部要以科学发展观为指导，辩证地认识知识经济增长与环境保护的关系，转变把增长简单等同于发展的观念。在发展思路上要彻底改变片面追求 GDP 增长而忽视资源和环境问题的倾向，树立资源意识和环保意识。要深刻认识发展农业循环经济对于落实科学发展、实现经济和社会可持续发展的重要性、必要性和紧迫性，牢固树立农业循环经济的发展理念。

2. 继续加大农村人力资源开发投入力度

在同等条件下，一个具有较高人力资本的农民与土地结合便能够产生更多的产品，创造更多的财富，进而更多地增加农民的收入。人力资本低，产出效率必然低，从而影响农民收入。政府要加大对农村人力资源建设的投入，在经费上给予大力支持。要增加教育投资力度，继续提高国家财政的教育经费支出比重，使教育费用支持增长率高于国家财政支出增长率。鼓励社会增加教育投入，尤其是鼓励和宣传一部分富裕农民集资捐助教育，为农村教育筹集大量资金。提高个人、家庭对教育的投入。同时，政府为农民提供入学贷款，为大学生到农村创业提供融资、信贷等优惠。此外，政府也应加大对农村卫生、医疗、保健等方面的资金投入，努力改善广大农村地区的自然条件、医疗卫生条件等，为农民身体素质的提高提供资金保证。

农民提高认识、转变观念、参与农业循环经济发展，需要的是信息的充分供给。政府须对现有农业信息传播体系进行集成整合，完善农业循环经济信息网络建设，提高网站质量，扩充信息量，让农民与时俱进；要加强信息标准化建设，构建智能化农村社区信息平台，促进循环农业信息资源共享和开发利用，全面、高效、快捷地为农民提供信息咨询服务；促进农村信息化进程，加快信息进村入户，把政府上网工程的重点放在村组两级，不断提高农村基层适应市场，把握农业、科技发展前沿动态的能力，增强其参与农业循环经济发展的积极性和自觉性。

3. 建立农民群众投身循环农业发展的激励机制

农村广大农民群众的经济参与，是循环农业健康发展的重要保证。我国自 20 世纪 80 年代初推行家庭联产承包责任制以来，许多农村地区长期处于无人管状态，农民各自为政，农业生产无序，水利、机耕路长期失修，农田高度分散得不到有效整治，农业资源得不到充分有效利用，农业生产环境出现恶化的现象，尤其在集体经济完全瓦解的贫困乡村。发展循环农业，号召农民加入循环农业生产，除依靠农民自身的觉悟及个体积极性以外，还须通过农村社区、乡村集体以及农民自己的合作组织，建立一套激励机制与规章制度，把农民群众吸引到循环经济发展道路上来。

一是建立村规民约，实行环境保护责任制，规范村民的生产生活行为，提高广大农民群众的生态意识，引导他们进行积肥还田，对生产生舌废旧物品进行分类收集和处置，使人人养成良好的生产生活习惯，推进农村循环型社会形成。二是设立乡村社会收旧利废中心或回收站，对乡村居民废弃物进行有偿回收利用。三是设立乡村社区循环农业技术服务社，推进循环农业技术入户，为村民提供循环技术利用辅导。四是在物质和精神上，对努力实践资源循环利用的村民进行激励，给予他们一定的生产、生活、养老、医疗、设施建设投入等补助。五是投资乡村基础设施建设，资助村民兴建沼气池、地头水柜以及太阳能、风能、水能、地热等节能设施，科学进行改舍、改水、改厨、改厕，促进广大乡村居民充分利用生产生活人、财、物大资源以及时间、空间，建设新村，改变旧貌。

（四）完善农业循环经济技术推广服务体系

农业循环经济科技推广体系对于农业新技术的大面积推广应用所起的作用是无可替代的，进一步推动循环农业科技进步，必须对农业技术推广服务体系进行优化，完善其农业技术推广功能，促进农业科技成果向农业生产力的转化。循环农业科技推广体系具有不可替代的公益性职能，承担着农业科技成果转化、实用技术推广应用和指导、组织农业标准化生产、推动无公害及绿色食品发展、加强农业质量检验监测以及开展农民素质培训等重要职能，是实施科技兴农战略的主要载体和推进农业技术成果产业化的基本力量。由政府建立一支履行公益职能的推广队伍，是我国循环农业技术成果产业化的客观需求，也是各国农业发展的共同经验。因此应首先强化政府事业单位作为循环农业技术推广主体的作用，在此基础上建立健全由科研部门、高等院校、科技企业、农民合作组织、科技示范户等多个主体共同构筑的多元化农业科技推广网络体系。

第四节 农业的产业化经营

农业产业化经营其实质就是用现代科技改造传统自给自足的小农业，用管理现代工业的办法来组织现代农业的生产和经营。农业产业化经营必须是以家庭联产承包责任制为依据，以农户为基础；以国内外市场为指向标，运用市场自有机制调节农业生产；以经济效益为中心，不仅是提高农业产业化经营组织的经济效益，更要带动农户的经济增长，通过规模化经营，使双方都获得规模经济；依靠龙头企业或中介组织的带动作用，将农业再生产过程中的产前、产中、产后诸个环节形成一条产业链，建立一个"利益共享，风险共担"的完整农业产业经营体系的农业产业组织形式和经营方式。

一、农业产业化经营的兴起

（一）农业产业化经营是社会主义市场经济发展的必然产物

第一，农业生产向广度、深度发展，必然要求优化农业资源配置，提高农业生产要素的利用率。优化资源配置，就是在工农业之间、地区之间、农业主体之间配置有限的资源。配置得好，农业生产效率就高，生产发展就快；反之，效率就低，发展就慢。农业产业化就是遵循市场经济规律，以国内外市场为导向，利用深层机制优化配置资源，最大限度地发挥农业资源的效力。

第二，农业产业化经营就是在经济价值规律的作用下，合理配置城乡资源，促进深层要素的优化组合，从而通过产业统筹，推进城乡经济社会统筹协调发展，推进农村城镇化进程。产业链各主体之间合理利用各种资源，节约人力、财力，是提高资源利用率和劳动生产率的有效途径。

第三，农业专业化分工需要进行农业产业结构调整，进而推进了农业产业化经营的形成。在市场经济体制下，农业企业要对投资的最终效果负责，这就迫使决策者必须深入市场调查，密切注视市场动态，根据市场需要来决定投资的方向和规模。作为宏观管理者的政府，也是根据市场供求关系变化的信息来制定调控政策和措施，使调整的决策易与实际市场相吻合，这就可以有效地减少和避免产业发展的盲目性，使农业产业结构大体上能保持动态的协调平衡，从而推进农业内部专业化生产的提高，进而推进农业产业化经营的发展。

第四，农业向现代化迈进，呼唤组织制度创新。社会生产力的发展和进步客观上要求社会生产方式的不断调整和变化，农业产业化经营是适应市场经济发展要求的农业生产经营组织形式和制度的进步，是社会生产力和生产关系矛盾运动的必然结果。

（二）农业产业化经营是产业发展的必然趋势

经济发展的重要前提是产业结构优化，而产业结构优化需要具备两个基础条件：一是产业结构优化设置应适应其自身演进规律；二是产业结构优化调整应以其自身变化趋势为基础。产业结构从低级到高级演化是在特定条件下存在的一种必然趋势。

长期以来，农业之所以属于弱质产业，是因为农业仅限于从事初级产品生产；滞留隐患性失业即剩余劳动力过多。农业产业化经营通过发展集约高效的种养业、农产品加工业和运销业，延伸和扩展产业链，可以吸纳相当多的农村劳动力就业，创造价值，增大农产品附加值。同时，城市里的农产品加工业及其他劳动密集型产业向农村转移，为农村发展第二、第三产业提供更多机会。乡镇企业以着重发展农产品加工业和运销业为战略方向，适当集中，并与小城镇建设结合，从而形成众多的强有力的经济增长点，转移更多的农业劳动力。在相同条件下，农业占用劳动力越少，农业劳动生产率就越高，这是现代农业发展的一般规律。现代科学技术普遍地运用于一体化系统再生产的全过程，使农业生产率增长超过工业生产率的增长，大大提高了农业的比较效益，为农业由弱质产业向强势产业转变创造了广阔的空间和现实的前景。各地先行者们取得的良好绩效，以雄辩的事实证明，农业产业化经营是高效益的，农业可以转变为强势产业。产业发展理论给农业产业化经营发展提供的理论依据是：农业产业化经营是推进农业由低级向高级进步的重要手段，产业的发展规律要求农业产业化经营必须站在现代经济的角度发展农业。

二、农业产业化经营存在的主要问题

从总体上看，我国农业产业化经营还处于初期阶段，制约农业产业化发展的因素还不少，主要表现在四个方面：

（一）参与农业产业化经营的程度低

全国还有近三分之二的农户未能通过参与农业产业化经营增加收入。农民专业合作经济组织发展缓慢，聚合效应差，中介桥梁作用没有很好发挥。目前加入各类合作组织的农户不到全国农户总数的 5%，且其中有 50% 以上的农民专业合作经济组织是没有产权关系的松散型自我技术服务性团体，难以适应市场经济发展的经济全球化趋势。

（二）运行机制不完善

在农业产业化经营组织系统内，管理不规范，相当多的龙头企业产权关系不明晰，龙头企业中一股独大十分普遍。龙头企业与农户的利益机制不健全，利益分配不合理，多数农户仍只享有出售原料的收入，而未享受农产品加工增值的利润，背信弃义的毁约现象时有发生。企业直接面对小规模分散经营的众多农户力不从心，而千家万户农民与企业合作常常处于不利的交易地位。

（三）政府扶持力度不够

农业产业化经营是关系到农村经济能否大发展的一场革命，它既是一个农村社会生产力配置和布局问题，又是一个农村经济的组织形式问题；既涉及生产力，又涉及生产关系。农业产业化经营组织是幼小的产业组织，要求打破地域、行业、所有制界限，对农村生产力配置进行重新组合和优化配置，这样大的一个系统工程，没有政府的正确引导和有力扶持是难以壮大的。政府对农业产业化经营的支持力度不够，特别是财政、金融方面的支持不大，对农业产业化经营组织的指导方式不适应市场经济的要求，在工作指导和服务上还存在着部门分割、地域分割、管理体制不顺等问题。有的地方还仅仅把农业产业化经营作为一种时髦口号停留在口头上，没有切实制定出扶持措施。有的地方还甚至人为夸大业绩，搞人造"一条龙""拉郎配""一刀切"。有的政府机构干预农业产业化经营组织的具体生产经营活动，为政绩而盲目决策。这些做法严重损害企业、农户利益，使生产要素得不到优化配置，对农业产业化经营的发展产生了负面影响。

（四）农业产业化经营人才短缺

科学技术是第一生产力，科教兴农是我国实现农业现代化的根本途径和最佳选择，也是农业产业化经营的又一重要支撑。农业产业化经营是由传统农业向现代化农业转变、粗放经营向集约经营转变的重要组织形式，它的每一步发展都离不开科技进步和教育的支撑，而要使科学技术转化为生产力，使科研成果得以尽快推广，都离不开高素质人才。而我国目前农民素质状况却影响了科技进步的步伐。我国农业劳动力中，大专以上文化程度的仅占 0.05%，高中毕业的占 4.45%，初中毕业的占 28.15%，文盲半文盲高达 22.25%。这一状况就使得我国农业先进技术推广受到很大制约，主要表现在重大科技成果转化率低，农业生产经营呈粗放型增长，农产品品质差，竞争力弱，等等。

三、农业产业化经营的运作规律及国际经验

总结国外农业一体化发展历程，分析各种不同类型的发展模式，一些基本经验和共同规律值得我国借鉴和遵循。

（一）国外农业一体化发展的条件

国外农业一体化的发展是有条件的，它是生产力发展到一定阶段的产物。这些条件包括以下几个方面：

1. 市场经济是农业一体化发展的体制条件

在一体化的体制中，市场体制主要在三个方面发挥基础作用。

①通过市场调节生产要素的优化组合。分布在城乡之间、工农之间以及各种所有制实体中的生产要素，在利益驱动下，借助市场这个载体发生流动和重新组合，再造市场的微观基础，形成新的经济增长点，在经济增量的增值作用下，推动农村经济以及国民经济的加速发展。

②通过市场体系衔接产销关系。一体化经营打破了地域、行业和所有制等壁垒，以市

场为纽带，把初级产品的生产、加工和销售诸环节联系起来。各方面在结构和总量上都能有规则地照应起来，从而提高了农村经济增长的质量和经济运行的稳定性。

③通过市场机制来调节各方面的既得利益，从根本上扭转"生产亏本，流通赚钱"的不合理分配格局。

2. 社会生产力发展水平是农业一体化发展的生产力条件

由于社会生产力发展到一定水平，社会分工分业进一步细化，产业间的相互联系、相互依赖性进一步增强，协作、联合的重要性显得更加突出，从而产生了对农业一体化的强烈需要。农产品加工业和农产品购销成为独立的产业部门，现代技术装备和管理知识的广泛运用，则为农业一体化发展提供了必要的物质技术基础。农业生产专业化、社会化、规模化、集约化是农业一体化最根本的内在条件，其中起关键作用的是农业专业化。随着农业生产力的不断发展，专业分工的不断细化，农业不仅与产前阶段和产后阶段的联系越来越紧密，而且内部分化出越来越多的行业和部门，彼此之间相互紧密衔接，从而形成一个包括从农用生产资料的生产和供应，到农业生产全过程，再到收购、储运、加工、包装和销售各个环节在内的有机体系，组成产业组织生态系统，并通过规范运作形成良性循环。

规模化、集约化生产必然是农业一体化发展的必备条件。如果没有这一条，产品形不成批量规模，就会因为交易成本高、组织成本高、竞争力弱，难以在现代市场上站住脚跟，更难以加入农业一体化的社会化大生产中去。

至于农业生产专业化（包括区域专业化、部门专业化、生产经营单位专业化和工艺专业化），在农业一体化中更具有核心作用。这是因为它不仅从根本上极大地密切了有关企业的联系，而且它能把各个生产单位分散的小批量生产转化成专门行业的大批量生产，从而大大提高生产率，这对于采用专用机械设备和先进工艺提高农业的规模化和集约化程度极为有利。

3. 农业生产的自然特性和农产品的生物特性是影响农业一体化发展的重要因素

在同样的市场经济条件和生产力水平下，为什么农产品对产加销一条龙的要求比工业品强烈？原因在于农业再生产的自然特性。第一，农业不仅要承担市场风险，而且要承担自然风险，加上农业在劳动生产率上与工业的客观差别的历史积淀，单纯农业生产天生具有弱质性，这就要求对农业生产必须进行特殊的保护和倾斜扶持。第二，农业具有生产周期长、市场供应量调整滞后的特点，而农产品需求是常年不断、瞬息万变的，这就增加了供需衔接的难度，一旦发生供需失调，将导致波动期长、波幅大，使生产和市场风险增强。第三，农业生产具有分散性特点，空间跨度大，而商品化消费往往相对集中，独立的小生产者和经营者难以做到产、加、销的有效衔接。所有这些，都使得农产品比工业品更强烈地要求农业开展一体化经营，通过提高三大产业间的组织协调力度，维护农业再生产的持续发展。

同样是农产品，为什么有的产品一体化程度高，有的产品一体化程度低？原因在于农产品的生物特性。一是生鲜产品，易腐易烂，保鲜期短，从生产出来到最终消费必须在极短的时间内完成。二是活销产品，受生物成长规律的制约，有特定的适宜产出时间，而这一时间与市场需求时间并不总是一致。当市场供不应求时，适时产出，就会卖得快，卖个好价钱；而当市场供过于求时，产品就会出现卖难，价格下跌；如果为适应市场晚产出、超期饲养又会造成亏损运行。因此，对于鲜活产品，促进产加销紧密结合，避免多环节周转，缩短流通时间，加快信息反馈，及早应变调整，具有十分重要的意义。这就是鲜活农产品的一体化程度往往高于其他农产品的原因所在。

同一种农产品系列，为什么有的品种一体化程度高，有的品种一体化程度低？原因在于这种农产品的内在特质不同。农产品的标准化生产是从工业生产引来的新概念。虽然农产品的标准化程度可能永远赶不上工业品，但为了适应农产品加工和消费的特定需求，在现代科学技术的支撑下，加快了农业生产标准化的进程。科技的突出贡献在于培育出了一批具有特定内在品质的优良作物品种，即在特定的蛋白质和油料成分含量等方面不同于一般谷物，且生产过程也与众不同。比如含油料成分多的油菜籽，加工用的低农药大豆，在加工阶段可以减少砂糖使用量的小麦，还有保存时间长的土豆，等等。由于这些产品有特定用途，生产成本一般比较高，在生产之前决定加工方式和发货对象，实施一体化经营比一般谷物具有特别的重要性。

4. 市场经济体制的确立是农业一体化发展的体制基础，而"非市场安排"则是必不可少的制度条件

农业一体化必须建立在市场经济体制的基础上，并不是说计划作为一种调节手段没用了，农业一体化内部的"非市场安排"仍然是必不可少的制度条件。

早期的资本主义市场经济是建立在完全私有、自由放任的经济学基础上的。由于农业的自然再生产特点和农产品需求弹性较低，一、二、三次产业间的劳动生产率差别客观存在，农业难以获得社会平均利润率，产业之间矛盾日益激化，农产品价格不稳、经济危机困扰着所有企业。面对这些问题，自由经济学一筹莫展。这时以凯恩斯为代表的一批经济学家提出了实行混合经济体制的理论，主张国家干预农业，承认非市场安排。事实也是这样，农业一体化最初都是在抗御中间资本剥削的旗帜下组织发展起来的。在一体化内部也正是通过一定程度的非市场安排，协调三大产业间的关系，实现利益的合理分配，从而塑造一体化长久发展的合理模式。

5. 市场需求是农业一体化发展的又一重要影响因素

农业一体化基本上是在农产品供应丰富以后的经济现象，发展的关键因素在于农产品的市场需求，即市场需求决定着农业一体化的发展速度和程度。没有充分的市场需求，一

体化经营就无利可图，更谈不上利益在产业间的合理分配，农业一体化这列火车就会因为缺乏动力而跑不起来。市场需求取决于消费需求。消费需求多样化的迅速发展能为农业一体化发展提供广阔的市场空间。20世纪80年代中期，速冻食品成为新明星；进入90年代，方便、营养、美味的新型食品迅速流行，保健食品、绿色食品逐步兴起。消费结构的趋新和消费市场的变化，对农产品深精加工、系列开发提出了迫切要求，从而为延长产业链、发展农业一体化提供了强大的发展动力。

（二）农业一体化发展的一般规律

农业一体化进程受农产品的生物特性和市场需求等多种因素影响。纵观一些国家农业一体化的发展过程，可以总结出它的演进规律，即农业一体化的发展路线是：农业生产专业化—规模化—产业化。

农业专业化包括地区专业化、部门专业化、企业专业化和环节专业化。地区专业化是指在一个地区专门生产某种或几种农产品。也就是要依据经济效益原则，在空间上合理配置农业资源，充分发挥各地区的自然条件和经济条件。农业部门专业化，指在某一地区或企业内以专门生产某种或某几种农产品作为主导部门，重点发展。主导部门代表一个地区或企业的发展重点、发展方向。产品专业化和工艺专业化是在部门专业化的基础上发展起来的，是专业化的高级阶段。农业专业化与规模化经营相辅相成。专业化把多种经营条件下各个生产单位分散的小批量生产转换成专门企业的大批量生产，这就有利于采用专用机械设备、先进工艺及科学的生产组织形式与管理方式，从而增加产品产量和降低成本，发挥农业规模经营的经济效益。伴随农业生产专业化程度的提高和农业经营的规模化生产，客观上要求发展工业、商业、运输业和各种服务业，并实行农工商综合经营或农业一体化。因为专业化大大密切了农业与其关联产业的联系，如果不同它的前后作业保持衔接，它的生产、经营就会中断。此外，大规模的商品生产要以大规模的市场容量为前提。而市场对初级农产品的需求弹性是很低的，只有通过延长产业链，不断对农产品进行多层次的深加工和精加工，才能扩大市场需求，增大市场容量，提高产品附加值，从而增加农民收入。由此可见，规模化的商品经济发展过程，也就是由多种经营到混合的部分专业化，再到单一的生产高度专业化过程。这个过程表明，农业专业化发展到一定程度，必然导致农工商一体化经营形式的出现。这是符合农业生产关系的发展规律变化的。

1. 在同等条件下，受农产品生物特性和市场需求弹性的影响，农业一体化在行业上一般遵从由畜牧水产业（特别是乳业）到果菜业，再到大田作物的递进次序。

2. 受农产品内在品质的影响，对于同一种农产品，农业一体化一般遵从由特质品种向一般品种的递进次序。

3. 农业一体化的演进方向是一体化程度由低到高不断向前推进。这是由生产力由低到高、社会分工由粗到细的发展走向所决定的。

4. 农业一体化的系统功能大于每一部分单独功能的简单相加，形象地讲就是"1+1+1>3"。农业一体化、产加销一条龙不是几个单元的简单相加，而是一个相互联系、相互衔接的协作系统，各联合单位之间过去的自由买卖、相互割裂关系日益被一种有组织、有计划、相对稳定的市场关系所代替。这种体制通过内部统筹安排，不仅减少了中间环节，降低了交易费用，而且能够扩大生产要素的优化组合范围，实现优势互补，提高资源配置效率，从而产生整合和协同效应。

（三）农业产业化经营的国际经验和启示

1. 在农村中发展农业一体化

世界各国在农业一体化发展过程中，都尽可能把农业的产前、产后服务部门建在农村，并在村镇建立一体化公司或合作社。一些产前、产后企业通过农业的中间消费来影响农业，通过它们组织培养农民，使农业生产标准化和商品化；通过它们把广大农村与城市连接起来，推进城镇化；通过它们促进农业市场化和科学化，使农民完成从单凭经验到依靠科学，从盲目生产到产供销协调发展的全面转变。

2. 在调整农业结构中推进农业一体化

在市场需求拉动下，一些国家建立了以畜牧业特别是以奶牛饲养业为主的产业结构，由于饲养业的产业关联效应强，有力地带动了种植业和食品加工业的发展，并使食品加工业成为农业一体化中最重要的工业部门。

3. 在形式多样的载体中推进农业一体化

农业一体化的组织形式不能一味追求农工商完全的垂直一体化。在多数部门，按产品加工的产业链条扩展产业化经营组织，并按合同生产是主要且比较有效的形式。

4. 在强化农业社会化服务中推进农业一体化

在一些国家产业一体化中，农业社会化服务是其中重要的一环。一体化经营中的农业社会化服务一般是通过合同方式稳定下来的紧密性服务，而且，无论是公司、企业，还是合作社都在使农业服务向综合化发展，即将产前、产中和产后各环节服务统一起来，形成综合生产经营服务体系。在农工商综合体系中，农业生产者一般只从事某一项或几项农业生产作业，而其他的工作都由综合体提供的服务来完成。

5. 在政府的政策引导中发展农业一体化

工业化各国政府在农业一体化发展中充当了重要角色，起到积极的推动作用。各国政府作为政策制定者、市场经济的维护者，按着各自既定的政策目标，实施有针对性的措施、规划等，达到了不断改善农业经营、提高农民收入的目的。

6. 建立一个合理的农业产业化经营管理体制

把农业生产、加工、销售相关联的一、二、三次产业集中起来建构一系列优化的经济组合，以扩展农产品转化增值，提高农业比较效益，这是一体化经营的实质。它涉及多个产业部门、多种类型企业、工农关系、城乡关系等，是一个很复杂的体系，能否顺利发展，取决于彼此间的互相协调、促进。同时，产业间、部门间、企业间的资源配置受价格机制调控，政府能否通过政策倾斜、协调计划与统一管理，对推动一体化农业的发展十分重要。因此，应建立与现代市场经济发展相适应的农业产业化经营的管理体制，包括农用物资制造和供应、农业生产、农产品收购、储藏、保鲜、加工和综合利用以及农产品和加工品的销售、出口等统一的一体化管理体系及其相应的政府上层和基层管理体制。

参考文献

[1] 谭启英. "互联网+"时代背景下农业经济的创新发展 [M]. 北京：中华工商联合出版社有限责任公司，2022.

[2] 金琳，金阳. 农业研发投入与农业经济增长问题研究 [M]. 延吉：延边大学出版社，2022.

[3] 王志刚，韩青，王玉斌，等. 食物经济学 [M]. 北京：中国人民大学出版社有限公司，2022.

[4] 李艳萍，闫云婷. 农民专业合作社运营管理与实务 [M]. 北京：化学工业出版社，2022.

[5] 刘兵. 新时代农业经济系列农产品营销与推广 [M]. 北京：化学工业出版社，2022.

[6] 陈新平，陈轩敬，张福锁. 长江经济带农业绿色发展挑战与行动 [M]. 北京：科学出版社，2022.

[7] 李秉龙，薛兴利. 农业经济学 [M]. 4版. 北京：中国农业大学出版社有限公司，2021.

[8] 崔海洋. 西南民族地区农业经济研究 [M]. 北京：知识产权出版社有限责任公司，2021.

[9] 衣莉芹. 农业会展经济影响路径机理与效应研究 [M]. 北京：知识产权出版社，2021.

[10] 孔祥智，钟真，柯水发. 农业经济管理导论 [M]. 北京：中国人民大学出版社有限公司，2021.

[11] 张利庠，陈卫平，郑适. 农业企业管理学 [M]. 北京：中国人民大学出版社有限公司，2021.

[12] 魏赛. 农业面源污染及综合防控研究 [M]. 北京：经济科学出版社，2021.

[13] 赵春杰. 农产品物流管理 [M]. 北京：中国农业出版社，2021.

[14] 向云. 中国南方地区农业经济增长的空间分异与路径选择研究 [M]. 北京：中国农业出版社，2021.

[15] 解静. 农业产业转型与农村经济结构升级路径研究 [M]. 北京：北京工业大学出版

社，2020.

[16] 李睿. 中国古代农业生产与商业化经济研究［M］. 长春：吉林人民出版社，2020.

[17] 许璇. 农业经济学［M］. 北京：中国农业出版社，2020.

[18] 刘雯. 农业经济基础［M］. 北京：中国农业大学出版社，2020.

[19] 曹慧娟. 新时期农业经济与管理实务［M］. 沈阳：辽海出版社，2020.

[20] 李劲. 农业经济发展与改革研究［M］. 北京：中华工商联合出版社，2020.

[21] 杨应杰. 农业经济问题相关研究［M］. 北京：中国农业六学出版社，2020.

[22] 刘佶鹏. 农业经济合作组织发展模式研究［M］. 北京：中国农业出版社，2020.

[23] 孙芳，丁玎. 农业经济管理学科发展百年［M］. 北京：经济管理出版社，2020.

[24] 方天坤. 农业经济管理［M］. 北京：中国农业大学出版社，2019.

[25] 顾莉丽. 农业经济管理［M］. 北京：中国农业出版社，2019.

[26] 施孝忠. 农业经济管理与可持续发展研究［M］. 北京：科学技术文献出版社，2019.

[27] 林丽琼，郭慧文. 农村金融学［M］. 北京：高等教育出版社，2019.

[28] 冯文丽. 农业保险概论［M］. 天津：南开大学出版社，2019.

[29] 高启杰. 农业推广学案例［M］. 北京：中国农业大学出版社，2019.

[30] 王瑾，赖晓璐，周腰华. 休闲农业经营之道［M］. 北京：中国科学技术出版社，2019.

[31] 廖飞，黄志强. 现代农业生产经营［M］. 石家庄：河北科学技术出版社，2019.